bem-aventuradas

ALANA CARLA

bem-aventuradas

A resposta de Jesus ao anseio feminino por plenitude e identidade

mundocristão

Os textos bíblicos foram extraídos da *Nova Versão Transformadora* (NVT), da Tyndale House Foundation, salvo indicação específica.

CIP-Brasil. Catalogação na publicação
Sindicato Nacional dos Editores de Livros, RJ

C278b

Carla, Alana
Bem-aventuradas : A resposta de Jesus ao anseio feminino por plenitude e identidade / Alana Carla. - 1. ed. - São Paulo : Mundo Cristão, 2025.
192 p.

ISBN 978-65-5988-475-9

1. Sermões. 2. Educação cristã. I. Título.

25-98650.2 CDD: 252
CDU: 27-475.5

Carla Rosa Martins Gonçalves - Bibliotecária - CRB-7/4782

Edição
Guilherme H. Lorenzetti
Marisa Lopes
Revisão
Ana Luiza Ferreira
Produção
Felipe Marques
Diagramação
Gabrielli Casseta
Capa
Jonatas Belan

Categoria: Espiritualidade
1ª edição: agosto de 2025

Publicado no Brasil com todos os direitos reservados por:

Editora Mundo Cristão
Rua Antônio Carlos Tacconi, 69
São Paulo, SP, Brasil
CEP 04810-020
Telefone: (11) 2127-4147
www.mundocristao.com.br

Para todas as portadoras da imagem de Deus.
Que vocês possam encontrar plenitude,
identidade e propósito naquele que as criou de
modo assombroso e admirável.

O fato de eu ser mulher não me torna um tipo diferente de cristão, mas o fato de eu ser cristã me torna um tipo diferente de mulher. Afinal, aceitei a ideia que Deus tem ao meu respeito, e toda a minha vida consiste em lhe oferecer de volta tudo o que sou e tudo o que ele quer que eu seja.

ELISABETH ELLIOT, *DEIXE-ME SER MULHER*

SUMÁRIO

PREFÁCIO

Este não é um livro de autoajuda, mas sim um livro de "ajuda do Alto", pois Alana mostra como o Sermão do Monte pode guiar as mulheres cristãs ainda hoje. A autora faz um trabalho brilhante ao discorrer sobre essas preciosas recomendações de Jesus Cristo — as chamadas bem-aventuranças — e argumenta que nossa identidade e nosso equilíbrio não vêm de nós mesmas, mas de Cristo.

Querida leitora, creio que ler este livro com atenção pode transformar sua vida radicalmente. Você descobrirá que mesmo em meio a cobranças, padrões equivocados e promessas vagas de satisfação, o verdadeiro contentamento só pode vir de Deus. E isso não é apenas um discurso bonito — os exemplos bíblicos e históricos de mulheres que viveram cada bem-aventurança de modo singular e intenso mostram que isso é possível e servem de inspiração para nós.

Alana cita as características das mulheres que viveram as bem-aventuranças. No primeiro capítulo, ela discorre sobre a mulher que cultiva a humildade do evangelho e que reconhece sua dignidade por carregar a imagem de Deus. Apesar de saber que seu valor vem do alto, essa mulher tem consciência de sua natureza pecaminosa — um constante obstáculo em seu desejo de agradar ao Senhor. Refletindo sobre a felicidade daquelas que choram, a autora afirma que muitas vezes, na busca pela felicidade, fugimos das lágrimas e dos momentos de tristeza como se eles fossem sempre desnecessários. Contudo, a mulher cristã, quando olha para si mesma, percebe seu pecado e chora por si mesma — uma tristeza que brota do arrependimento, e a aproxima de Deus.

Algo que procuro transmitir em minhas palestras é que podemos premeditar nossas ações, mas não nossas *reações*. Alana também destaca isso ao falar da mansidão. Ser manso é saber reagir adequadamente diante de qualquer situação, por pior que seja. Maria, mãe de Jesus, é um exemplo de mulher que viveu com mansidão mesmo diante de momentos desesperadores, como ao saber que seria mãe ainda virgem. Ela nos ensina que a mansidão não é uma característica de quem tem uma vida tranquila, mas de quem, apesar das lutas, é governado pelo Espírito Santo. Sobre o ter "fome e sede de justiça", Jesus estava falando de pessoas famintas buscando ser saciadas — um anseio que ainda permanece intacto. As feministas, que clamam contra a dominação patriarcal, demonstram que carregam (ainda que não tenham conhecimento disso) a imagem e semelhança de Deus, que se manifesta em seu senso de justiça. Contudo, por melhores que sejam suas intenções, elas deturpam essa característica positiva quando depositam as esperanças em ideias humanas, e não na retidão dos céus.

O evangelho de Cristo nos traz a profunda consciência de que não devemos nos amoldar a este mundo, mas sim transformar nosso entendimento para experimentar a vontade de Deus, nossa referência última. Devemos nos preocupar e batalhar pelas coisas do alto, pensar nas coisas de cima, como cidadãs dos céus. Uma mulher faminta e sedenta por justiça não é materialista e fútil, mas tem um desejo profundo pelo que é eterno (Mt 6.20). Para não me estender muito neste prefácio, citei as primeiras bem-aventuranças apenas para transmitir uma ideia da profundidade deste livro. Vale muito a pena estudá-lo, meditar em cada palavra, parágrafo, citação. Vocês, queridas leitoras, serão muito edificadas.

Em sua conclusão, Alana reforça que às humildes Jesus prometeu o reino dos céus; às que choram, consolo; às mansas, a herança de uma terra; às famintas e sedentas por justiça, a satisfação; às misericordiosas, misericórdia; às puras de coração, a chance de encontrar a Deus face a face; às pacificadoras, o direito de ser chamada filhas; e às perseguidas, o reino dos céus. Lembrem-se sempre de que Deus tem o controle do universo e de nossa vida, e de que só seremos felizes à sua sombra e em seu colo amoroso. Jesus Cristo é nosso pastor amado, nosso guia e Senhor, e o Espírito Santo é aquele que nos consola e aquece nosso coração em quaisquer circunstâncias.

Parabéns, Alana! Estou orgulhosa de você. Lembro-me da primeira *live* que fizemos: você em sua cozinha, e eu dando os primeiros passos nas redes sociais. Percorremos um bom caminho e podemos ver quão grande e bondoso Deus tem sido para nós. Que Deus abençoe todas que lerem este livro. E, se me permitem, quero fazer um pedido muito especial: compartilhem o conteúdo destas páginas, falem deste livro para outras mulheres, tornem-no seu livro de cabeceira ao lado de sua Bíblia. Se você buscava um livro para mulheres que fosse bíblico, fiel ao papel que as mulheres desempenharam ao longo da história da igreja, e que tivesse um tom pastoral, então você acabou de encontrá-lo. Vamos andar pela fé, vamos ser bem-aventuradas.

Rute Salviano Almeida

Teóloga, historiadora e pesquisadora
sobre a história das mulheres no cristianismo

INTRODUÇÃO

A humanidade foi criada para viver em estado de plena felicidade, de total bem-aventurança. Em Gênesis 1 e 2, vemos que Deus criou um jardim perfeito, com os recursos necessários para uma vida confortável e de beleza indescritível, com todos os tipos de delícias naturais. Em Gênesis 2.9, lemos que "o Senhor Deus fez brotar do solo árvores de todas as espécies, árvores lindas que produziam frutos deliciosos", criando um verdadeiro paraíso, onde existia beleza e fertilidade, mas não o pecado e nenhum de seus desdobramentos danosos. Mais adiante, o relato da criação nos diz que, ao criar o homem, Deus o colocou no jardim para cultivar o Éden e tomar conta dele, e disse-lhe ainda mais: "Coma à vontade dos frutos de todas as árvores do jardim, exceto da árvore do conhecimento do bem e do mal. Se você comer desse fruto, com certeza morrerá" (Gn 2.16-17).

Deus estava tão dedicado a criar uma obra perfeita que percebeu que não era bom que o homem estivesse sozinho; então, criou para ele uma companheira que o auxiliasse e lhe correspondesse (Gn 2.18). Quando o Senhor formou a mulher e a apresentou ao homem, o êxtase de Adão foi tão grande que ele exultou em poesia: "'Finalmente!', exclamou o homem. Esta é osso dos meus ossos, e carne da minha carne! Será chamada 'mulher', porque foi tirada do 'homem'" (Gn 2.23). Timothy Keller afirma que, nesse momento, imperava o *shalom* de Deus, ou seja, a paz perfeita e harmônica que se desenrolava em três instâncias: havia harmonia no relacionamento entre a humanidade e Deus; no relacionamento entre os próprios seres humanos; e também no relacionamento da humanidade com a natureza.[1] Além disso, havia harmonia em relação à própria identidade humana, uma vez que os seres humanos viviam a plenitude do que foram criados para ser: filhos de Deus, em uma relação plena com o Pai. Ouso dizer que esse foi o único período da história em que existiu a felicidade absoluta. Esse estado de plenitude era o padrão que o Senhor tinha planejado para nós, ou seja, fomos criados para viver plenamente felizes com o nosso Criador.

Ocorre que, em Gênesis 3, vemos que esse estado de plenitude foi quebrado. O primeiro homem e a primeira mulher viviam o que todas nós desejamos hoje, mas não estavam satisfeitos. Eles tinham acesso a todo o jardim, apenas não podiam comer da árvore do conhecimento do bem e do mal. Contudo, quando a serpente confrontou a mulher e disse que, caso comessem dessa árvore, eles seriam como Deus, a mulher imediatamente desejou algo mais: ela quis ser como Deus. Conforme escreveu Nancy Guthrie:

> Nada faltava na vida de Adão e Eva; eles tinham todas as razões para ser perfeitamente felizes. Contudo, quando a serpente sugeriu a Eva que havia algo que ela não possuía, algo que ela realmente precisava para ser feliz, ou seja, a sabedoria que viria de comer da árvore proibida e a experiência gustativa de comer seu delicioso fruto, Eva permitiu que a perspectiva da serpente moldasse a sua perspectiva. Em vez de se contentar com toda a bondade derramada sobre ela e ao seu redor, Eva começou a ver um lugar vazio em sua vida, em sua dieta, em seu conhecimento, em

[1] Timothy Keller, *Justiça generosa: A graça de Deus e a justiça social* (São Paulo: Vida Nova, 2013), p. 182.

sua experiência. Seu desejo por algo mais, algo além da provisão de Deus, combinado com sua dúvida crescente acerca da bondade de Deus, a fez estender a mão por aquilo que ela achou que a faria feliz e plena.[2]

A primeira mulher tinha tudo, mas se apegou à única coisa que não estava ao seu alcance e a desejou. Apesar de viver na plenitude de Deus, ela encontrou espaço para a insatisfação, negociando a sua felicidade com a serpente. Quantas vezes nós agimos como Eva? Vemos constantemente a bondade de Deus em nossos dias, mas insistimos em prestar mais atenção ao que não temos, em vez de agradecer pelo que já está em nossas mãos. Nessa busca por algo mais, distanciando-se da vontade de Deus, a humanidade atraiu para si a quebra do *shalom* e a ruptura da felicidade. Logo após comer do fruto, eles sentiram vergonha (Gn 3.7), esconderam-se de Deus (3.8) e acusaram um ao outro (3.12-13). Na sequência, a dor — até então um conceito desconhecido pela humanidade — entra em cena: "À mulher ele [Deus] disse: 'Farei mais intensas as dores de sua gravidez, e com dor você dará à luz. Seu desejo será para seu marido, e ele a dominará'". E a dor não seria uma exclusividade feminina:

> Uma vez que você deu ouvidos à sua mulher
>   e comeu da árvore cujo fruto ordenei que não comesse,
> maldita é a terra por sua causa;
>   por toda a vida, terá muito trabalho para tirar da terra seu
>   sustento.

[2] Nancy Guthrie, *Ainda melhor que o Éden: Nove maneiras através das quais a história da Bíblia muda tudo sobre a nossa história* (São José dos Campos: Fiel, 2020), p. 24-5.

Ela produzirá espinhos e ervas daninhas,
mas você comerá de seus frutos e grãos.
Com o suor do rosto você obterá alimento,
até que volte à terra da qual foi formado.
Pois você foi feito do pó,
e ao pó voltará.

Gênesis 3.17-19

A partir desse momento, aquele estado de plenitude foi substituído por uma realidade permeada pelas consequências do pecado, como tristeza, decepção, luto, dor, perdas e tantos outros sentimentos que divergem completamente da felicidade vivida anteriormente pelo primeiro casal. O que antes trazia satisfação para Adão e Eva agora tinha um gosto amargo. Porém, como a humanidade foi projetada para viver o *shalom* de Deus, homens e mulheres iniciaram uma busca frenética pela plenitude, na qual o grande objetivo é ser feliz. O objeto de desejo de homens e mulheres passou a ser o que, antes da Queda, já lhes era proporcionado livremente pelo próprio Deus.

Na narrativa bíblica podemos ver várias pessoas que buscaram a felicidade e o prazer como um objetivo de vida. O rei Salomão, por exemplo, diz que perseguiu cada um de seus desejos a fim de encontrar a plenitude, mas, no final, viu que todo seu esforço fora inútil:

Dediquei-me a projetos grandiosos, construindo casas enormes e plantando belos vinhedos. Fiz jardins e parques e os enchi de árvores frutíferas de toda espécie. Construí açudes para juntar água e regar meus pomares verdejantes. Comprei escravos e escravas, e outros nasceram em minha casa. Tive muito gado e rebanhos, mais que todos os que viveram em

> Jerusalém antes de mim. Juntei grande quantidade de prata e ouro, tesouros de muitos reis e províncias. Contratei cantores e cantoras e tive muitas concubinas. Tive tudo que um homem pode desejar!
>
> Tornei-me mais importante que todos os que viveram em Jerusalém antes de mim, e nunca me faltou sabedoria. Tudo que desejei, busquei e consegui. Não me neguei prazer algum. No trabalho árduo, encontrei grande prazer, a recompensa por meus esforços. Mas, ao olhar para tudo que havia me esforçado tanto para realizar, vi que nada fazia sentido; era como correr atrás do vento. Não havia nada que valesse a pena debaixo do sol.
>
> Eclesiastes 2.4-11

Na história também observamos doutrinas surgirem e se espalharem na sociedade, pregando que a busca pelo prazer é um meio de dar sentido à vida, como o hedonismo. A divindade grega Hedonê, filha de Eros e Psiquê, é considerada a deusa do prazer e inspira essa corrente filosófica que vê a felicidade como bem supremo e recusa qualquer tipo de sofrimento. Mesmo sendo uma corrente de pensamento antiga, podemos observar que até hoje há pessoas sendo guiadas pelos próprios anseios e impulsos, buscando satisfazer todos os desejos de forma desordenada, a fim de atingir a felicidade.

No período do Iluminismo, encontramos a figura de Gabrielle-Émilie Le Tonnelier de Breteuil, conhecida como Marquesa du Châtelet (1706-1749), que escreveu uma obra chamada "Discurso sobre a felicidade", na qual diz que o primeiro passo para a felicidade é nos convencermos de que estamos neste mundo para cultivar sensações e sentimentos agradáveis e de que só seremos felizes ao saciarmos nossos afetos e paixões. A Bíblia, pelo contrário, nos orienta a não nos deixarmos dominar pelas paixões de desejos desenfreados (1Ts 4.4-5), a crucificarmos nossa carne (Gl 5.24), a fazermos morrer tudo o que pertence à nossa natureza terrena (Cl 3.5) e a cultivarmos a abstinência dos desejos carnais que guerreiam contra nossa alma (1Pe 2.11). Em outras palavras, o discurso da Marquesa de Chatêlet, assim como outros discursos centrados no ser humano que encontramos ao longo da história, são totalmente incompatíveis com os ensinamentos bíblicos.

Diante de tantas concepções equivocadas que fomentam buscas inalcançáveis, onde então nós, mulheres cristãs, podemos encontrar a felicidade? Já sabemos que ela não se encontra no dinheiro, no poder, nos relacionamentos humanos, no conhecimento, na realização profissional nem nos lazeres que a vida oferece. Então, onde a encontraremos? Temos a impressão constante de que algo está faltando, mas como podemos ser saciadas? Mais uma vez, Nancy Guthrie nos ajuda a expressar a ansiedade que toma conta do nosso coração:

> Às vezes parece que a vida apenas não deveria ser tão difícil. Pode parecer que a vida boa, a vida pela qual sempre ansiamos, sempre estará fora do nosso alcance. E há um pouco de verdade nisso. Uma virada profunda ocorreu no mundo quando Adão e Eva tentaram agarrar a vida boa da maneira errada, em vez de confiar que a receberiam de Deus. Aquela virada deixou todas as coisas um pouco fora do eixo, algumas terrivelmente de ponta-cabeça. Ela nos deixou com a ânsia de que tudo seja endireitado. Ansiamos pela vida boa na qual a casa não tem problemas estruturais, o dinheiro nunca é problema, relacionamentos são sempre amáveis e corpos jamais serão afetados pelas deformações, pela deficiência

ou pela morte. Será, então, que essa vida boa está fadada a ficar sempre fora do nosso alcance?[3]

No capítulo 5 do Evangelho de Mateus, vemos o início do famoso Sermão do Monte, uma sequência de ensinamentos que Jesus transmite a seus discípulos, no começo de seu ministério. Nas palavras de John Stott, esses ensinamentos funcionam, como "uma verdadeira contracultura cristã, um sistema de valores cristãos, um padrão ético, uma devoção religiosa e uma série de atitudes completamente diferentes do mundo que não é cristão".[4] Jesus inicia falando das bem-aventuranças, justamente o maior anseio da humanidade. Assim diz o texto bíblico, em Mateus 5.3-12 (ARA):

> Bem-aventurados os humildes de espírito, porque deles é o reino dos céus.
> Bem-aventurados os que choram, porque serão consolados.
> Bem-aventurados os mansos, porque herdarão a terra.
> Bem-aventurados os que têm fome e sede de justiça, porque serão fartos.
> Bem-aventurados os misericordiosos, porque alcançarão misericórdia.
> Bem-aventurados os limpos de coração, porque verão a Deus.
> Bem-aventurados os pacificadores, porque serão chamados filhos de Deus.
> Bem-aventurados os perseguidos por causa da justiça, porque deles é o reino dos céus.
> Bem-aventurados sois quando, por minha causa, vos injuriarem, e vos perseguirem, e, mentindo, disserem todo mal contra vós.

[3] Ibid., p. 46.

[4] John Stott, *Contracultura cristã: A mensagem do Sermão do Monte* (São Paulo: ABU Editora, 1981), p. 9.

> Regozijai-vos e exultai, porque é grande o vosso galardão nos céus; pois assim perseguiram aos profetas que viveram antes de vós.

No início de cada frase encontramos a expressão "bem-aventurados", do grego *makarios*, cujo significado é "feliz". O Mestre estava elaborando uma lista segura para todos que desejam alcançar a felicidade. Porém, a felicidade descrita por Jesus não é algo que simplesmente surge de repente; pelo contrário, ela vem à tona a partir de um conjunto de características que um cristão autêntico deve cultivar em sua vida, como a humildade, o choro do arrependimento, a mansidão, o anseio por justiça, a misericórdia, a pureza, a promoção da paz e a perseverança em meio à perseguição. A felicidade segundo Jesus Cristo vem de uma vida em santidade, e não da abundância de bens materiais, nem da entrega aos prazeres terrenos.

Humanamente falando, olhamos para a lista apresentada por Jesus, para a nossa natureza pecaminosa e podemos nos perguntar: Como alcançarei a felicidade segundo o evangelho, se o pecado está sempre diante de mim? Como cultivarei a humildade de espírito, se meu ego tende a crescer continuamente? Como viverei uma vida quebrantada, se muitas vezes o pecado entorpece meus sentidos? Como serei mansa, se meu temperamento forte quer explodir diante da menor contrariedade? Como desejarei a justiça, se meus desejos egoístas estão sempre querendo prevalecer? Como promoverei a paz em um mundo tão caótico e polarizado? Como me alegrarei em ser perseguida por amor ao evangelho, se prezo tanto minha comodidade e meu conforto? O padrão do Sermão do Monte parece ser bastante alto, até mesmo inalcançável, para pecadoras como você e eu. E, de fato, a régua do cristão é alta, uma vez que Jesus coloca o próprio Deus como nosso parâmetro: "Portanto, sejam perfeitos, como perfeito é seu Pai celestial" (Mt 5.48).

Diante da constante luta entre a carne e o espírito (e da nossa incapacidade de atingir a perfeição), será que estamos condenadas à infelicidade? Será que podemos ser consideradas bem-aventuradas de alguma forma? Felizmente, não. Conforme nos lembra Hernandes Dias Lopes:

> As bem-aventuranças não são qualidades inatas ou adquiridas pelo esforço humano. Nenhum homem poderia possuir essas bem-aventuranças à parte da graça de Deus. As bem-aventuranças não são uma retribuição dos méritos humanos, mas um presente da graça divina. As bem-aventuranças não são o prêmio pela nossa obediência a certos preceitos da lei, mas o resultado da perfeita obediência de Cristo e sua obra vicária por nós.[5]

A felicidade não vem de nós mesmas, nem de nossos esforços pessoais. Ela é um presente de Deus, assim como a salvação. Se é assim, isso significa que não temos responsabilidade sobre as nossas atitudes? De maneira nenhuma! A mesma graça de Deus, que nos tirou da escravidão do pecado, também nos tornou escravas da obediência (Rm 6.16), o que conduz à vida de justiça e à real bem-aventurança. Portanto, a felicidade não está em seguir incontrolavelmente nossos impulsos e vontades pessoais, pois isso nos tornaria escravas do pecado. Muito pelo contrário, a felicidade reside na liberdade que encontramos por meio da obediência ao Senhor. Parece

[5] Hernandes Dias Lopes, *A felicidade ao seu alcance: Uma exposição das bem-aventuranças* (São Paulo: Hagnos, 2008), p. 10.

contraditório, mas apenas obedecendo aos comandos de Deus estaremos livres das nossas próprias cadeias.

A mesma graça que se derrama sobre nós e nos torna bem-aventuradas, independentemente do nosso mérito, garante essa felicidade que vem do Senhor e que não depende das circunstâncias externas. Vivemos em um mundo marcado pelas consequências do pecado, repleto de dores, doenças, tristezas, desavenças e de todo o tipo de mal que tem o poder de nos abalar emocionalmente. Muitas vezes, ao olharmos para a realidade que nos cerca, encontramos mais motivos para nos entristecer do que para nos alegrar. Até mesmo o que nos traz deleite pode acabar nos frustrando. Pessoas podem nos trair, nos decepcionar ou, simplesmente, falecer; podemos perder o emprego, e carreiras podem acabar; bens materiais podem ser destruídos, roubados ou se deteriorar com o tempo; dinheiro pode ser gasto a ponto de a pessoa acabar falida; momentos de lazer são pontuais e representam a menor parte dos nossos dias. Sendo assim, basear a felicidade em coisas tão inconstantes e transitórias é como ter uma estrutura fraca para enfrentar a tempestade que é a existência humana no mundo.

A felicidade descrita por Jesus é diferente da que encontramos em livros de autoajuda, em frases motivacionais ou em um hedonismo desenfreado. O padrão de Deus — que um dia foi realidade em Gênesis 1 e 2, antes da Queda — é retomado nessa exposição das bem-aventuranças de Mateus 5. No momento em que o *shalom* foi perdido, as relações foram corrompidas em várias instâncias. Contudo, Jesus está mostrando que a felicidade resulta da restauração do relacionamento com Deus, com nós mesmas e com o próximo.

O Salvador, ao pregar as bem-aventuranças, aponta diretamente para o que foi perdido no Éden, estabelecendo um retorno aos padrões que Deus sonhou para a humanidade. Jesus também estava constituindo um código de santidade promulgado por Deus, para que os cidadãos do reino cultivem características que apontem para o seu propósito original, e que são a alternativa para a realidade pecaminosa que vivemos hoje. Essas características são seguidas de bênçãos, que recebemos agora como um alívio diante do sofrimento do mundo. Mas não apenas isso, as bem-aventuranças também nos lembram da promessa para um futuro de plenitude, no qual experimentaremos novamente o *shalom* de Deus, as lágrimas dos nossos olhos serão enxugadas, a morte desaparecerá, o luto não existirá e o pranto será convertido em um estado de graça eterna (Ap 21.4). Como ensina John Stott, as promessas de Jesus nas bem-aventuranças têm cumprimento presente e futuro, pois desfrutamos agora das primícias, mas a colheita propriamente dita ainda está por vir![6] A felicidade completa, que um dia experimentamos no Éden, pode ser vivida parcialmente hoje, através da ética cristã, e um dia será restaurada plenamente. Que privilégio poder compreender essa realidade transformadora!

Partindo desse entendimento acerca das bem-aventuranças, iremos examinar as oito características e as oito promessas que Jesus elenca no início do seu sermão mais importante. Juntas, perceberemos como nós, mulheres, vivendo em meio a uma realidade repleta de cobranças, padrões equivocados e promessas vagas de satisfação, podemos encontrar o equilíbrio perfeito e a identidade plena ao olharmos para Cristo. Além disso, veremos exemplos bíblicos e históricos de mulheres que

[6] Stott, *Contracultura cristã*, p. 16.

viveram cada bem-aventurança de modo singular e intenso em suas vidas, sendo verdadeiras inspirações para nós!

Meu desejo é que você possa finalizar a leitura deste livro bebendo da fonte de toda a felicidade e plenitude, para que seja uma mulher completa diante do único que pode preencher as lacunas da vida.

— 1 —

BEM-AVENTURADAS AS HUMILDES

Bem-aventurados os humildes de espírito,
porque deles é o reino dos céus.

Mateus 5.3 (ARA)

Se você pudesse resumir em duas palavras sua essência mais profunda, quais escolheria? Acredito que você poderia sentir dificuldade para sintetizar todas as suas características, qualidades, defeitos e peculiaridades de maneira tão objetiva. Talvez bem mais que duas palavras surgissem em sua mente, transformando essa simples missão em um verdadeiro desafio. Jesus, porém, conseguiu resumir muito bem sua grandeza em apenas dois vocábulos profundos.

No Evangelho de Mateus, Cristo fala sobre duas características que refletem quem ele é no seu íntimo: *mansidão* e *humildade*. "Tomem sobre vocês o meu jugo. Deixem que eu lhes ensine, pois sou manso e humilde de coração, e encontrarão descanso para a alma" (Mt 11.29). Quando a Bíblia menciona o coração está falando sobre o centro vibrante de tudo que fazemos, o quartel-general de nossa motivação, o âmago de quem somos, o que nos define e direciona.[1] Desse modo, a

[1] Dane Ortlund, *Manso e humilde: O coração de Cristo para quem peca e para quem sofre* (Rio de Janeiro/São Paulo: Thomas Nelson Brasil/Pilgrim, 2021), p. 18.

humildade é uma característica que o próprio Messias utiliza para se definir essencialmente como pessoa. Mas o que ele queria dizer com isso?

A palavra grega que é utilizada nas bem-aventuranças para designar o termo "humilde" é *ptochos*, que literalmente quer dizer "pobre e carente", no sentido de ser alguém privado ou rebaixado pelas circunstâncias da vida.[2] Por isso, algumas versões da Bíblia traduzem o ensinamento de Jesus como "bem-aventurados os pobres em espírito" (NVI). Contudo, diante do significado tão profundo apresentado em Mateus 5, considero que devemos compreender os reais sentido e alcance da expressão.

O que *não* é pobreza de espírito

O puritano do século 17 Thomas Watson, ao tratar sobre o tema, destaca a importância de compreender, inicialmente, o que *não* significa a pobreza de espírito. Segundo Watson, não devemos confundir o ensino de Jesus com pobreza financeira, com uma vida espiritual pobre, ou até mesmo com pobreza de autoestima.[3] A pobreza financeira é fruto da Queda, pois Deus nos fez para que vivêssemos no Éden com toda a plenitude, sem passar por necessidades de nenhum tipo. Uma vida espiritual pobre é sinônimo do afastamento de Deus, que também se originou na Queda. Já a pobreza de autoestima vai contra a narrativa da Criação — uma vez que fomos projetadas por Deus, devemos nos reconhecer como obra-prima de

[2] Ibid., p. 20.

[3] Thomas Watson, *The Beatitudes: An Exposition of Matthew 5:1-10* (Carlisle: The Banner of Truth Trust, 2000), p. 13.

suas mãos. Já a timidez é uma característica ligada ao medo e à vergonha, algo que não devemos cultivar (2Tm 1.7). Por fim, a fraqueza se opõe ao próprio Deus, que incentiva seus seguidores a serem fortes e corajosos (Js 1.9).

A antítese da pobreza de espírito: o pecado do orgulho

No livro *Orgulho e preconceito*, da escritora inglesa Jane Austen, lemos sobre a história de amor entre Elisabeth Bennet e Mr. Darcy. Ela, uma jovem de origem simples com um senso crítico apurado; ele, um homem muito rico e de personalidade séria e reservada. No decorrer da trama, vemos como o orgulho foi uma barreira que impediu a aproximação dos jovens no início. Elisabeth, com base nas primeiras impressões e nos boatos que ouviu, construiu uma imagem negativa de Darcy e se recusava a mostrar qualquer tipo de abertura ou de aproximação em relação a ele, nutrindo um preconceito. O nobre, por sua vez, é descrito como alguém orgulhoso por pertencer a uma família importante e rica. Em uma conversa sobre Darcy, uma das irmãs de Elisabeth, a inteligente e introspectiva Mary, define perfeitamente esse pecado tão destrutivo:

> O orgulho — observou Mary, que se gabava da solidez de suas reflexões — é um defeito muito comum. Por tudo que já li, tenho certeza de que é muitíssimo comum mesmo; a natureza humana tem uma inclinação especial para esse defeito, e muito poucos dentre nós não nutrem um sentimento de complacência para consigo mesmos, sob pretexto de uma ou outra qualidade, real ou imaginária. Vaidade e orgulho são coisas diferentes, embora sejam palavras usadas muitas vezes como sinônimos. A pessoa

> pode ser orgulhosa sem ser vaidosa. O orgulho está mais ligado à opinião que temos de nós mesmos, e a vaidade, ao que os outros pensam de nós.[4]

Por ter sido criada segundo os princípios cristãos, Jane Austen demonstra entender como o orgulho é algo comum e altamente nocivo. É como uma doença silenciosa, que muitas vezes não percebemos claramente, mas que pode tomar conta da vida de alguém e se tornar um empecilho. Assim como a pobreza de espírito ou a humildade está no início das bem-aventuranças (como se fosse a origem de todas elas), sua antítese, o orgulho, também é considerado a origem de todos os demais pecados. Russell Shedd defende que o orgulho provocou a queda de Satanás (Ez 28.15; Is 14.12) e impediu Adão e Eva de consultar Deus a respeito das mentiras que a serpente lhes contou (Gn 3.1-7).[5]

Nesse contexto, C. S. Lewis diz que o orgulho é um pecado do qual ninguém no mundo escapa, que todos detestam nos outros e que é o completo estado de alma que se opõe a Deus.[6] Para Lewis, o orgulho é o pior dos pecados:

> Os cristãos têm razão: o orgulho tem sido a principal causa da miséria em todas as nações e em todas as famílias desde que o mundo é mundo. Outros pecados, às vezes, podem unir as pessoas: pode-se encontrar companheirismo, brincadeiras e afabilidade

[4] Jane Austen, *Orgulho e preconceito*, trad. Roberto Leal Ferreira (São Paulo: Martin Claret, 2015), p. 247.

[5] Russell Shedd, *A felicidade segundo Jesus* (São Paulo: Vida Nova, 1998), p. 20.

[6] C. S. Lewis, *Cristianismo puro e simples* (São Paulo: WMF Martins Fontes, 2009), p. 162.

> entre os que se dão à embriaguez ou são devassos. Mas o orgulho sempre significa inimizade: é inimizade. E não apenas inimizade entre um homem e outro, mas inimizade contra Deus.[7]

Outros pecados podem gerar identificação e até mesmo certo nível de comunhão. Pessoas costumam se reunir para se embriagar ou ingerir drogas ilícitas; a fofoca normalmente ocorre em grupos ou rodas de conversa; a maioria dos casos criminais envolvem gangues; a gula também pode ser compartilhada em torno da mesa, entre família e amigos; a imoralidade sexual igualmente pode unir pessoas em torno de orgias. Já o orgulho repele quaisquer pessoas, inclusive outros orgulhosos, pois gera competição e o desejo de ser melhor que os demais. Lewis diz com precisão que o prazer do orgulho não está em ter algo, mas em ter mais do que a pessoa ao lado, ou seja, estar acima do restante.[8] Dessa forma, o orgulho em sua essência não agrega, mas sim divide e destrói qualquer tipo de relacionamento.

Analisando novamente os protagonistas da obra *Orgulho e preconceito*, vemos que o orgulho quase impediu o casal de viver uma linda história. Em um profundo diálogo entre Elisabeth e Darcy, este confessa o seu pecado e reconhece que seu amor pela jovem o fez superar o orgulho. Na ocasião, ele ainda oferece uma detalhada definição do que o orgulho pode causar ao longo de uma vida:

> Quando menino, ensinaram-me o que era certo, mas não a corrigir o meu temperamento. Deram-me bons princípios, mas deixaram que os seguisse no orgulho e na presunção. Sendo

[7] Ibid., p. 165

[8] Ibid., p. 163.

> infelizmente o único varão (durante muito tempo o único filho), fui mimado pelos pais que, embora fossem bons (meu pai, em especial, era a benevolência e a gentileza em pessoa), permitiram, encorajaram, quase me ensinaram a ser egoísta e altivo; a não me preocupar com ninguém além do meu círculo familiar, a pensar mal de todo o resto da humanidade; a pelo menos querer pensar mal da inteligência e do valor dos outros, quando comparados aos meus. Assim fui eu, dos oito aos vinte e oito anos; e assim continuaria a ser, se não fosse você, minha mais do que querida, mais do que amada Elizabeth![9]

Dificilmente dois orgulhosos incorrigíveis conseguirão conviver — afinal de contas, a essência do orgulho é a inimizade e a desunião. Como pode haver perdão, reconciliação, aceitação, tolerância ou entrega se o orgulhoso só pensa em si? Como manter um relacionamento com alguém que, naturalmente, se sente superior aos demais e age com egoísmo? Darcy precisou abrir mão de sua altivez para viver um grande amor. Já nós devemos fugir desse pecado para viver uma vida plena com nosso Deus e com as pessoas que nos cercam.

Qual é a essência da humildade?

A batalha para se livrar do orgulho é travada na mente. A pessoa orgulhosa se coloca como o centro e tem a si mesma como principal pauta de pensamento. Cultivar esse pecado é algo destrutivo porque pensamos excessivamente em nós mesmas. Diante disso poderíamos pensar que a solução para esse pecado é pensar em si próprio como alguém inferior. Isso, contudo, nos leva a outro extremo negativo, ou seja, a baixa autoestima.

[9] Austen, *Orgulho e preconceito*, p. 456-7.

Timothy Keller explica que, na busca pela verdadeira humildade, esses dois extremos são perigosos:

> A essência da humildade resultante do evangelho não é pensar em mim mesmo como se eu fosse mais, nem pensar em mim mesmo como se eu fosse menos; é pensar menos em mim mesmo. A humildade do evangelho mata a necessidade que tenho de pensar em mim. [...] Estamos falando de autoestima elevada? Não. De baixa autoestima? De jeito nenhum. Isso em nada se relaciona com autoestima. [...] A pessoa verdadeiramente humilde não é aquela que se odeia ou se ama, e sim a que tem a humildade do evangelho. É uma pessoa que se esquece de si mesma e cujo ego é igual aos dedos dos pés. Eles simplesmente exercem sua função. Não imploram por atenção.[10]

Para construirmos um bom entendimento acerca da necessidade de o cristão esquecer-se de si mesmo, é preciso esclarecer algumas questões. Em uma sociedade na qual as mulheres, com suas rotinas corridas e sobrecarregadas, negligenciam o autocuidado e acabam servindo a todos e se esquecendo de suas próprias necessidades, precisamos lembrar que ser humilde não é se colocar nessa situação de descaso. Para cultivar uma saúde integral, a mulher precisa conhecer a si mesma, a fim de suprir suas demandas, sejam elas físicas, emocionais ou espirituais. Então, ser humilde não significa abdicar do autocuidado, mas sim cuidar de nós mesmas sem nos colocar em um pedestal.

Semelhantemente, esquecer-se de si mesma não significa suportar situações humilhantes ou manter relacionamentos tóxicos a qualquer custo, sejam eles amorosos, profissionais, amigáveis e

[10]Timothy Keller, *Ego transformado: A humildade que brota do evangelho e traz a verdadeira alegria* (São Paulo: Vida Nova, 2014), p. 34-5.

até mesmo na esfera religiosa. *Humildade não é sinônimo de humilhação.* A mulher que cultiva a humildade do evangelho reconhece o valor que lhe é dado pela Bíblia, tem consciência de sua dignidade por ser portadora da imagem de Deus. Sendo assim, ela compreende que qualquer tipo de violência (física, psicológica, moral, patrimonial ou sexual) é uma grave violação aos seus direitos como filha de Deus. Ela sabe que não deve aceitar ser destratada, humilhada, violada, violentada nem assediada por ninguém. Ao mesmo tempo, a mulher verdadeiramente humilde se reconhece como pecadora, cheia de defeitos e falhas. Apesar de saber que seu valor vem do alto, ela mantém os pés no chão, tendo consciência de sua natureza pecaminosa — um constante obstáculo ao seu desejo de agradar o Senhor.

A necessidade cristã de esquecer-se de si mesma pode ser ilustrada com o que o apóstolo Paulo fala em Romanos 12.3: "Porque, pela graça que me foi dada, digo a cada um dentre vós que não pense de si mesmo além do que convém; antes, pense com moderação, segundo a medida da fé que Deus repartiu a cada um" (ARA). O versículo nos orienta a ter equilíbrio, isto é, nada de orgulho ou baixa autoestima. Uma mulher humilde é realista quando olha para si mesma; não alimenta romantismos nem ilusões.

Por que ser uma mulher humilde?

Depois de entendermos o real significado da pobreza de espírito ensinada por Jesus, gostaria de destacar seis motivos que nos inspiram a ter uma postura de humildade. O primeiro deles é que não temos a capacidade de conhecer a Deus de forma integral. Por mais que a leitura bíblica seja rotineira, que os estudos teológicos se desenvolvam e que pesquisas profundas sejam realizadas, nosso esforço humano para conhecer o Criador não é capaz de abarcar toda sua grandeza. Quanto mais nos aproximamos do Senhor e buscamos conhecê-lo, mais percebemos o quanto somos pequenas e o quanto o nosso entendimento é limitado. Charles H. Spurgeon certa vez afirmou que nada é melhor para o desenvolvimento de nossa mente do que contemplar a divindade, pois é um assunto tão profundo que nosso orgulho desaparece em sua infinitude:

> Quando chegamos a esta ciência superior e descobrimos que nosso fio de prumo não consegue sondar sua profundidade e nossos olhos de águia não podem ver a sua altura, nos afastamos pensando que o homem vaidoso pode ser sábio, mas não passa de um potro selvagem, exclamando solenemente "nasci ontem, nada sei". Nenhum tema contemplativo tende a humilhar mais a mente que os pensamentos sobre Deus. Ao mesmo tempo, porém, que este assunto humilha a mente, também a expande. Aquele que pensa com frequência em Deus terá a mente mais aberta que alguém que caminha penosamente por este estreito globo.[11]

O segundo motivo que nos inspira à humildade é que não somos capazes de nos salvar. O favor imerecido que ganhamos mediante a graça confronta nosso ego, tendo em vista que nada podemos fazer para ganhar aquilo que nos é mais precioso. Não somos salvas por nossa bondade, por nosso mérito nem por nosso desempenho pessoal. Essa realidade deve ser suficiente para nos livrar de toda soberba e nos conduzir à verdadeira humildade. Brennan Manning afirma que uma das principais

[11] Charles H. Spurgeon, citado em J. I. Packer, *O conhecimento de Deus* (São Paulo: Mundo Cristão, 1996), p. 17.

características de um pecador que foi salvo é a pobreza de espírito, um sinônimo também para a maturidade espiritual:

> Quanto mais crescemos no Espírito de Jesus Cristo, mais pobres nos tornamos — e mais percebemos que tudo nesta vida é um presente. A tonalidade fundamental da nossa vida passa a ser ação de graças humilde e jubilosa. A consciência da nossa pobreza e de nossa inépcia leva-nos a regozijar-nos na dádiva de termos sido chamados das trevas para a maravilhosa luz e transportados ao reino do Filho amado de Deus.[12]

O terceiro motivo que nos inspira à humildade é que ela é a primeira das virtudes a serem alcançadas, ou seja, dela nascem as demais que estudaremos no decorrer deste livro. Não foi por acaso que Jesus começou sua lista das bem-aventuranças com a humildade, pois apenas depois de reconhecermos nossa pequenez é que somos capazes de buscar as demais virtudes elencadas. Sem a pobreza de espírito, seriam impossíveis o arrependimento, a mansidão, a fome e sede de justiça, a misericórdia, a pureza, a pacificação e a perseguição em nome do evangelho. De acordo com Hernandes Dias Lopes, o topo dos montes normalmente é um local estéril, pois é lavado pelas chuvas; porém, o vale é fértil, pois é para lá que os ricos nutrientes escoam. Da mesma forma, é estéril o coração do soberbo, que se considera muito alto, muito exaltado, enquanto o coração do humilde, que se coloca no lugar de pequenez que lhe cabe, transforma-se em um belo jardim com o florescimento de várias virtudes.[13]

[12] Brennan Manning, *O evangelho maltrapilho* (São Paulo: Mundo Cristão, 2005), p. 81.

[13] Hernandes Dias Lopes, *A felicidade ao seu alcance: Uma exposição das bem-aventuranças* (São Paulo: Hagnos, 2008), p. 22.

O quarto motivo é que a pobreza de espírito não é opcional para a mulher cristã. Ao olhar para as bem-aventuranças, não podemos escolher seguir apenas uma delas e negligenciar as demais. Portanto, a marca de uma mulher cristã deve ser a humildade. Já o quinto motivo que nos inspira à humildade é simples e profundo: precisamos ser humildes pois, como cristãs, devemos ser imitadoras de Cristo, que é manso e humilde de coração. Desde seu nascimento, Jesus demonstrou humildade, pois, mesmo sendo o Filho de Deus, nasceu em uma simples manjedoura, acompanhado apenas dos pais e de alguns animais (Lc 2.6-7). A Bíblia diz que não havia lugar na hospedaria para aquele que é dono de tudo que há no mundo nascer. Mais tarde, mesmo sendo superior a nós e sem pecado, Jesus se submeteu ao batismo realizado por João Batista, em um ato de entrega e rendição (Mt 3.13-17). Pouco antes de ser preso e crucificado, Jesus surpreendeu seus discípulos ao derramar água em uma bacia, pegar uma toalha e lavar os pés de cada um (Jo 13.1-17). Por meio desse ato, ele demonstrou que ninguém deve se considerar mais importante que o outro: "Eu lhes dei um exemplo a ser seguido. Façam como eu fiz a vocês" (Jo 13.15). Todos os mandamentos e orientações que o Senhor deu aos seus seguidores foram, acima de tudo, transmitidos pelo seu próprio exemplo, e não só ensinados. Jesus pregou com palavras e ações. Você e eu devemos fazer o mesmo.

Por fim, o último motivo que nos inspira à humildade também é uma verdadeira recompensa aos pobres de Espírito: o fato de que deles é o reino dos céus. Hernandes Dias Lopes destaca dois significados reconfortantes dessa linda promessa. O primeiro nos assegura que essa felicidade não será vivida apenas no futuro, mas também agora, ao longo do caminho que estamos trilhando para o céu. O verbo utilizado no presente do indicativo nos mostra isso — "deles é o reino dos céus" (Mt 5.3, ARA) —, pois aponta para algo que já faz parte da nossa vivência atual, mesmo que só parcialmente. Uma vez que estamos em Cristo, vivemos o reino de Deus no mundo, vivemos o já e o ainda não, uma pequena amostra da eternidade na realidade finita. O segundo significado reconfortante dessa promessa nos garante que a felicidade, hoje ainda sujeita aos efeitos do pecado, será plena quando entrarmos definitivamente do reino, no futuro.[14]

A promessa da eternidade é privilégio exclusivo dos pobres de Espírito. Será que estamos vivendo de modo digno dessa promessa?

Como vive a mulher bem-aventurada e verdadeiramente humilde?

A mulher bem-aventurada e verdadeiramente humilde sabe reconhecer seus erros e, ao ser criticada, não se deixa abater. Ela sabe ser corrigida por Deus, pois entende que ele disciplina a quem ama, como um pai que deseja a evolução de uma filha (Pv 3.12). Mas a mulher verdadeiramente humilde também aceita ser exortada por pessoas que se preocupam com ela, pois além de ser uma prática biblicamente orientada (1Ts 5.11-24; Hb 3.13) também faz parte do processo de amadurecimento de todo cristão. Hebreus 12.11 aponta para a importância da correção: "Nenhuma disciplina é agradável no momento em que é aplicada; ao contrário, é dolorosa. Mais tarde, porém, produz uma colheita de vida justa e de paz para os que assim são corrigidos".

[14] Ibid., p. 27-9.

A mulher bem-aventurada e verdadeiramente humilde não idolatra a si mesma, seja em relação a sua aparência, sua maneira de se vestir ou suas habilidades pessoais. Ela tem consciência de que sua beleza é obra de Deus e sabe receber elogios (algo que todas nós devemos praticar), mas não utiliza isso para menosprezar outras mulheres. Consequentemente, ela não critica o corpo nem as características físicas de alguém, pois sabe que cada pessoa é obra-prima do Criador. Ela sabe que deve se vestir com decência, mas não se acha superior às demais por causa do comprimento de uma saia, e não julga ninguém com base nas roupas que a pessoa veste ou de sua aparência. Ela também sabe que tem dons dados por Deus e talentos que desenvolveu ao longo da vida, mas não permite que a honra e a glória sejam para si mesma, e sim para o Senhor, que a criou com esse conjunto de aptidões.

A mulher bem-aventurada e verdadeiramente humilde se alegra com a vitória de outras mulheres, ainda que ela tenha ficado em segundo lugar ou nem sequer tenha chegado ao pódio. Mesmo que uma mulher esteja sonhando com o matrimônio, mas não consiga sair da solteirice, ela vai ao casamento das amigas com o coração grato. Mesmo que esteja vivendo uma espera angustiante para engravidar, fica genuinamente feliz quando uma colega anuncia a gravidez. Mesmo que esteja estudando há anos para passar em um concurso, celebra quando uma companheira de estudos consegue a aprovação antes dela. Mesmo que tenha um sonho de comprar a casa própria, mas ainda não teve condições, comemora quando outras mulheres conquistam um imóvel próprio. Mesmo que esteja almejando uma promoção no emprego e um aumento de salário, ela se alegra quando outra pessoa alcança esses objetivos antes dela.

A mulher bem-aventurada e verdadeiramente humilde respeita opiniões contrárias. Ela entende que, no meio de um debate ou de uma discussão, precisa respeitar a opinião das outras pessoas, independentemente de concordar ou não. Ela é uma mulher que sabe defender sua posição, ao mesmo tempo que também sabe escutar atentamente o que o outro tem a dizer. Aprendeu que ninguém é obrigado a pensar igual a ela, afinal de contas, não é a dona da razão. Ela tenta entender o outro e desenvolve empatia e compreensão durante a conversa.

A mulher bem-aventurada e verdadeiramente humilde é tolerante com as outras pessoas e seus erros, pois sabe que também é um ser humano falho e suscetível a erros. Se exerce um cargo de chefia, não explode nem condena um funcionário que cometeu algum equívoco. Se é mãe, não perde a paciência facilmente com os filhos pequenos, pois ainda são crianças e estão aprendendo a viver. Se é esposa, pratica a misericórdia com o marido, sabendo que se casou com alguém que é pecador, assim como ela. Como filha, compreende os erros dos pais, pois, por mais experientes que sejam, ainda são limitados. Consequentemente, ela perdoa com facilidade, pois sabe que também é pecadora e alvo diário do perdão incondicional de Deus.

A mulher bem-aventurada e verdadeiramente humilde é serva; não trabalha no reino de Deus em troca de reconhecimento. Ela não se exibe quando pratica boas obras, mas cuida dos necessitados em secreto. Ela serve tanto nos palcos quanto nos bastidores com o mesmo entusiasmo e sem problemas, afinal seu serviço é para a glória de Deus, não para a sua. Ela não arruma as cadeiras do culto para ser vista pelo líder; não louva em busca de elogios pelo seu timbre de voz; não dá o estudo em seu grupo pequeno em troca de aplausos; e não oferta esperando que o pastor a exalte por sua condição financeira. Além disso, sua vida com Deus faz parte da sua intimidade, e ela não age como os hipócritas, que demonstram espiritualidade orando e jejuando em público para serem vistos como mais espirituais (Mt 6.5).

A mulher bem-aventurada e verdadeiramente humilde se submete aos planos e à vontade de Deus, ainda que sejam diferentes de seus próprios planos. Ela não se revolta quando o seu planejamento não acontece conforme o previsto, pois tem consciência de que Deus é soberano e sabe o melhor para vida dela em todas as situações. Apesar da dificuldade de abrir mão, entrega o controle nas mãos do Senhor, sabendo que ele é mais sábio que ela.

Exemplos de humildade

Na Bíblia encontramos várias mulheres que foram exemplos de humildade, mas gostaria de destacar uma história que me toca profundamente. Em Mateus 15.21-28, vemos Jesus chegando à região de Tiro e Sidom e deparando com uma mulher cananeia que clamava, no auge de seu desespero: "Senhor, Filho de Davi, tenha misericórdia de mim! Minha filha está possuída por um demônio que a atormenta terrivelmente" (Mt 15.22).

Os cananeus eram os descendentes de Cam, filho mais novo de Noé que foi amaldiçoado por seu pai (Gn 9.22-27). Eles eram um povo pagão, adoravam a vários deuses e, consequentemente, não se davam bem com os judeus. Essa mãe angustiada passou por cima dessas barreiras culturais e religiosas, empenhada em solucionar o problema da filha. Inicialmente, Jesus não respondeu ao seu clamor, e os discípulos logo sugeriram que Jesus a mandasse embora, pois estavam incomodados com seus gritos. Você imagina o que passou pela cabeça daquela mãe nesse momento? Ela estava pondo a sua esperança naquele homem, que já havia curado e libertado várias pessoas. Será que ele rejeitaria o seu clamor?

Sua dúvida é fomentada pela resposta de Jesus: "Fui enviado para ajudar apenas as ovelhas perdidas do povo de Israel" (Mt 15.24). O Messias estava cumprindo as profecias que foram dadas no decorrer dos anos aos judeus, a quem Jesus chamava de "ovelhas perdidas". Aquela mulher era gentia, provavelmente não tinha conhecimento dos profetas e nada sabia dos pilares do judaísmo. Apesar de sua ignorância e de suas origens, ela não se deu por vencida; ajoelhou-se diante de Jesus e implorou: "Senhor, ajude-me!". É possível que, até aquele momento, ela enxergasse Jesus com respeito por ser um mestre, e nem sequer reconhecesse que aquele homem diante de seus olhos era o Salvador. Ao adorá-lo, ela estava agindo contra a sua religião de origem, um sistema que não fora capaz de oferecer-lhe a libertação com que ela tanto sonhava.

Jesus continua dizendo: "Não é certo tirar o pão dos filhos e lançá-lo aos cachorrinhos" (Mt 15.26, ARA). Para nós pode parecer uma afronta Jesus chamar aquela mulher — que estava em uma situação deprimente — de cachorrinho; porém, precisamos observar o contexto histórico do texto. Naquela época, era comum os judeus insultarem os gentios chamando-os de cães, considerando-os inferiores, irracionais e até mesmo selvagens. Jesus estava utilizando um vocábulo comum da época e socialmente aceito entre os judeus; porém, havia uma particularidade: ele usou a palavra no diminutivo. Ao chamar aquela mulher de cachorrinho, Jesus não a estava insultando, mas sim tratando com carinho um tema que os judeus tratavam com desprezo e arrogância.

Ao dar duas respostas aparentemente duras, Jesus não estava sendo cruel, antes estava testando a fé e a postura da mulher cananeia, que parecia ter convicção de que Jesus seria capaz de curar sua filha. E, além disso, ela tinha uma *postura humilde:* "Sim, Senhor, mas até os cachorrinhos comem das migalhas que caem da mesa dos seus donos" (Mt 15.27, ARA). Se ela fosse orgulhosa, poderia ter dado uma resposta malcriada a Jesus, virado as costas e saído com o coração cheio de rancor pelo modo como fora tratada. Porém, ela não se achava superior; reconhecia sua pequenez e incapacidade diante do problema da filha. Muitas vezes o Senhor coloca causas impossíveis diante de nós para que possamos reconhecer nossas limitações e nossa total e completa dependência dele. Diante daquela fé humilde, Jesus a honrou ao dizer: "Mulher, grande é a sua fé! Seja feito conforme você deseja" (15.28, ARA). A humildade diante do Salvador foi um prenúncio para a bênção; a postura quebrantada comoveu o coração do Cristo. A mulher cananeia, desprezada pelos judeus, rejeitada pelos discípulos e desesperada ao ver a filha endemoninhada, teve um encontro que mudou a sua vida e, com certeza, a ensinou sobre o valor da humildade.

Outro exemplo que gostaria de compartilhar não está nas páginas da Bíblia, mas impactou a história da humanidade por sua pobreza de espírito. Corrie ten Boom era solteira, tinha 48 anos e trabalhava como relojoeira na loja da sua família quando os nazistas invadiram a Holanda, em maio de 1940. Como cristã e integrante da Igreja Reformada Holandesa, ela acreditava na igualdade e na dignidade de todos os seres humanos diante de Deus. Em razão disso, seu envolvimento na guerra era inevitável. Aos poucos, com o desenrolar dos acontecimentos, ela começou a se envolver em atividades clandestinas para ajudar judeus perseguidos. Seu desejo de ser um auxílio para pessoas que sofriam era tão grande que ela abriu sua casa e seu próprio quarto como abrigo para refugiados, garantindo que muitas vidas fossem salvas.

Certo dia, um informante nazista disfarçado entrou na loja da família, acabou descobrindo que ali funcionava um abrigo para judeus e denunciou a família, que foi rendida e aprisionada. No dia em que a Gestapo invadiu a residência, ocorria uma reunião semanal de oração e a casa estava cheia de pessoas que clamavam a Deus. Corrie foi transferida para um campo de concentração, mas acabou sobrevivendo e, em uma atitude surpreendente diante do contexto brutal vivido, decidiu perdoar o homem que a entregara aos nazistas. Seu perdão foi documentado através de uma carta impressionante:

> Prezado senhor,
>
> Hoje fiquei sabendo que, muito provavelmente, foi você quem me traiu. Passei dez meses no campo de concentração. Meu pai morreu depois de passar nove dias preso. Minha irmã morreu na prisão. Deus transformou em bem o mal que você planejou contra mim, pois isso me levou para mais perto dele. Uma dura punição aguarda você. Tenho orado em seu favor, para que o Senhor o aceite caso venha a se arrepender. Pense que, ao pender na cruz, o Senhor Jesus também levou consigo os pecados que você cometeu. Se admitir isso e desejar tornar-se filho de Deus, você será salvo por toda a eternidade.
>
> Eu o perdoo de tudo o que fez. Deus fará o mesmo, se assim você lhe pedir. Ele o ama. Ele o ama e enviou o próprio Filho à terra para redimir seus pecados, os quais, por natureza, seriam motivo de sofrida punição, como seriam para mim. De sua parte,

você deve responder a esse ato divino. Se ele lhe diz: "Venha a mim e dá-me seu coração", sua resposta deve ser: "Sim, Senhor, eu irei, torna-me teu filho".[15]

O informante que a denunciou a fez viver momentos de dor que, sem dúvida, foram marcantes em sua trajetória. Ela viu sua família morrer, sua casa ser destruída e pessoas amadas sendo punidas severamente. Diante de tudo isso, apenas um coração humilde, pobre em espírito é capaz de perdoar alguém que provocou sofrimentos tão extremos quanto os vividos na Segunda Guerra Mundial. Ela não apenas liberou perdão para o homem, como orava em seu favor para que o Senhor tivesse misericórdia dele. Além de viver uma vida de renúncia e constante risco ao abrigar judeus refugiados em sua própria casa, ela também exerceu a humildade ao perdoar seu ofensor. Um coração humilde entende que não é superior a ninguém e que, em razão disso, precisa ser tolerante com os erros dos outros. Afinal, todo ser humano é carente do perdão e da graça de Deus. A postura dessa heroína da fé é um verdadeiro exemplo e deve nos inspirar diariamente.

[15] Al Truesdale (org.), *Heróis da igreja: Grandes nomes da história do cristianismo — A Era Contemporânea* (São Paulo: Mundo Cristão, 2022), p 109-13.

— 2 —

BEM-AVENTURADAS AS QUE CHORAM

Bem-aventurados os que choram,
porque serão consolados.

Mateus 5.4 (ARA)

No filme *Divertidamente* vemos cinco emoções em uma sala de controle comandando a mente de uma garota chamada Riley: Alegria, Tristeza, Raiva, Medo e Nojo. Logo no início percebemos que a Alegria é a líder e se esforça para que a menina sempre cultive lembranças alegres ao longo da vida. Ao mesmo tempo que faz seu trabalho, Alegria tenta impedir que a Tristeza atue, convicta de que Riley nunca deve ficar triste e que isso só arruinaria os bons momentos da jovem. Muitas vezes, na busca pela felicidade, nos comportamos de forma semelhante, fugindo das lágrimas e dos momentos de choro, como se eles fossem sempre desnecessários. A Alegria do filme, na intenção de sempre manter Riley positiva, acaba se tornando controladora e reprimindo as demais emoções de se manifestarem.

Um fenômeno chamado "positividade tóxica" tem tomado conta do estilo de vida contemporâneo, principalmente por meio de discursos motivacionais e livros de autoajuda que pregam a felicidade e o pensamento positivo como prioridades absolutas a serem cultivadas, inclusive à custa de reprimir os próprios sentimentos e a realidade. Os seguidores dessa linha de pensamento costumam tentar "ver um lado bom em tudo"; dizer para uma pessoa abatida que "poderia ser pior"; no meio de uma perda falar "pelo menos você tem isso, tem aquilo"; ou simplesmente acreditar que a solução para tudo está apenas em pensar positivamente. Contudo, essa tentativa de adotar uma atitude excessivamente positiva para lidar com o caos da vida acaba tendo um efeito contrário, uma vez que, ao agir assim, as pessoas não estão processando os acontecimentos, mas apenas reprimindo a dor — o que não é saudável e pode ser um comportamento adoecedor.

Em seu livro *Caminhando com Deus em meio à dor e ao sofrimento*, Timothy Keller afirma que o secularismo moderno é frágil, se comparado a outras religiões e culturas, justamente porque foge a todo custo da tristeza e porque acredita que o mundo físico é tudo o que existe. Partindo dessa linha de pensamento, o sofrimento deve ser evitado a qualquer custo ou minimizado o máximo possível. Segundo o autor, acabamos ficando mais abalados e chocados com o sofrimento justamente por causa de nossa tendência de negá-lo. Para embasar seu argumento Keller lista uma sequência de fatos que demonstram essa realidade:

> Na Europa medieval, aproximadamente um entre cinco bebês morriam antes de completar um ano, e apenas metade de todas as crianças chegava aos dez anos de idade. A família comum via metade de seus filhos morrer na infância, e eles morriam em casa, perto dos olhos e do coração. A vida dos nossos antepassados foi bem mais impactada pelo sofrimento do que a nossa. No entanto, inúmeros diários, registros e documentos históricos revelam que eles lidavam com a dificuldade e o pesar muito melhor do que

nós. Um estudioso da história antiga do norte europeu observou que a sociedade moderna se inquieta muito ao saber que há 1500 anos as pessoas tinham menos medo da perda, da violência, do sofrimento e da morte. Outro estudo afirmou que, embora fiquemos perplexos diante da crueldade de nossos antepassados, se eles pudessem nos ver hoje, ficariam igualmente espantados com a nossa "fraqueza, mundanismo e covardia".[1]

Hoje já não convivemos com a morte todos os dias, não limpamos nem vestimos nossos mortos, não velamos corpos por vários dias; contudo, vivemos ignorando o inevitável destino do ser humano. Não podemos negar que, em certa medida, isso é bom e nos deixa confortáveis; porém, diante da constante fuga, a tristeza pode se tornar estranha, incômoda, vexatória e quase vergonhosa.[2] Fugir do sofrimento pode parecer a melhor opção. Para a visão secular, ele jamais é parte significativa da vida, mas sim mera interrupção ou impedimento que nos deixa duas alternativas: controlar ou diminuir a dor; e procurar a causa dela e eliminá-la. Segundo essa linha de pensamento, parece surreal pensar que Jesus afirmou que felizes são os que choram. O ensinamento do Cristo, transmitido no Sermão do Monte, choca-se frontalmente com ideias como a positividade tóxica ou o secularismo moderno. Será que de fato podemos encontrar felicidade nas lágrimas? Isso faz realmente sentido? Ou é algo apenas utópico?

No final de *Divertidamente*, Riley se encontrava triste por ter mudado de cidade com os pais e estava prestes a cometer

[1] Timothy Keller, *Caminhando com Deus em meio à dor e ao sofrimento* (São Paulo: Vida Nova, 2016), p. 26.

[2] Shannon Bream, *O que dizem as mães e filhas da Bíblia: As lições de fé de nove famílias bíblicas* (Rio de Janeiro: BestSeller, 2024), p. 145-6.

um grave erro, com sua tentativa de fugir de casa. Quando o ônibus estava saindo da rodoviária, a Tristeza finalmente é autorizada a se manifestar e assume o comando dos pensamentos. Então, a menina muda de ideia repentinamente e corre de volta para casa. Ao reencontrar os pais, já muito preocupados com sua ausência, Riley explode em lágrimas, enfim expondo sua insatisfação com as inúmeras mudanças. As memórias da antiga cidade são tocadas pela Tristeza, e ela finalmente consegue lidar com os recentes acontecimentos. A Alegria, diante disso, fica impressionada e reconhece a importância de sua companheira de trabalho para o desenvolvimento de uma vida emocional saudável. Em alguns momentos da vida, a tristeza é necessária e precisa ser vivida intensamente nas situações oportunas, para que possamos alcançar maturidade, desenvolvimento e mudança.

A tristeza segundo o mundo *versus* a tristeza segundo Deus

Contudo, vale ressaltar que não é toda tristeza que está alinhada com as bem-aventuranças. Em sua segunda carta aos coríntios, o apóstolo Paulo revela que está alegre porque os cristãos de Corinto se entristeceram como Deus esperava e, em decorrência disso, se arrependeram. Logo depois, Paulo explica que há dois tipos de tristeza: "Porque a tristeza que é da vontade de Deus conduz ao arrependimento e resulta em salvação. Não é uma tristeza que causa remorso. Mas a tristeza do mundo resulta em morte" (2Co 7.10).

Russell Shedd explica que a tristeza segundo o mundo é consequência direta da presença do pecado no mundo e manifesta-se de diversas formas, através da maldade e de tragédias, por exemplo. Essa tristeza não tem outras finalidades que não sejam a destruição e a morte:

> A tristeza segundo o mundo traz muitos tipos de desgraça na sua esteira. O divórcio, a depressão, o suicídio e a guerra — essa é uma breve lista das tristezas do mundo que não trazem nenhum tipo de bem-aventurança. O sequestro de um marido ou pai, o assassinato de um filho, tudo isso faz fluir um rio de lágrimas. A causa fundamental de toda violência, de assaltos, da dependência de drogas, de crianças abandonadas e de tudo quanto é desgraça pode ser explicada como a ruptura do relacionamento entre o homem e Deus.[3]

Já a tristeza segundo Deus é diferente, pois gera arrependimento que leva à salvação. Ela não é fruto das consequências do pecado, mas do agir do Espírito Santo em nossa vida; ela não é produzida pelo homem, mas pela aplicação da Palavra de Deus ao coração pecador. Foi algo experimentado pelo próprio Cristo, que, apesar de ser santo e puro, sentiu sobre si o peso do pecado da humanidade e suas consequências avassaladoras. Ela é sentida quando olhamos para nós mesmas e percebemos o quanto somos pecadoras e falhas, mas também quando olhamos para os outros e encontramos mais motivos para chorar por eles do que para invejá-los.

É claro que a tristeza segundo o mundo também nos faz chorar, afinal de contas o pecado afeta diretamente nosso bem-estar, nossa saúde, nossa paz, nossas relações e tantas outras áreas da vida. Ela é consequência do pecado que se manifesta

[3] Russell Shedd, *A felicidade segundo Jesus* (São Paulo: Vida Nova, 1998), p. 31.

nas várias instâncias da sociedade e, obviamente, nos abala. Além disso, vale ressaltar que Cristo, em nenhum momento, afirmou que seríamos imunes a essa tristeza. Ser cristã não é negar a dor, mas saber que podemos ter a ajuda de Deus para lidar com ela. Isso já exclui o secularismo e tantas outras perspectivas equivocadas acerca do sofrimento. O cristianismo abraça a dor e o sofrimento como parte da existência humana:

> O cristianismo ensina, diferentemente do fatalismo, que o sofrimento é algo avassalador; diferentemente do budismo, que o sofrimento é real; diferentemente do carma, que o sofrimento é quase sempre injusto; mas diferentemente do secularismo, que o sofrimento tem sentido. Ele tem um propósito e, se enfrentado da forma correta, pode nos mergulhar profundamente no amor de Deus e em tamanha estabilidade e poder espiritual como nunca imaginamos existir.[4]

O choro citado por Jesus nas bem-aventuranças, em contrapartida, é fruto da tristeza segundo Deus. No grego, o verbo "chorar" conjugado em Mateus 5.4 é *panthoutes*, cujo sentido mais comum é entristecer-se de forma tão profunda que fica impossível esconder — esse mesmo termo também é usado para expressar a dor do luto pela perda de um ente querido.[5] O mesmo termo é utilizado em Gênesis 37.34 (conforme a Septuaginta, versão grega do Antigo Testamento) para descrever o luto de Jacó, por acreditar que José, seu filho, tinha sido devorado por um animal. Trata-se de um sofrimento que não só inunda o coração, mas também transborda em

[4] Keller, *Caminhando com Deus em meio à dor e ao sofrimento*, p. 42.

[5] Hernandes Dias Lopes, *A felicidade ao seu alcance: Uma exposição das bem--aventuranças* (São Paulo: Hagnos, 2008), p. 30.

lágrimas. Porém, em Mateus 5.4, esse verbo tem um sentido diferente e ainda mais profundo. Conforme John Stott:

> Está claro no contexto que aqueles que receberam a promessa do consolo não são, em primeiro lugar, os que choram a perda de uma pessoa querida, mas aqueles que choram a perda de sua inocência, de sua justiça, de seu respeito próprio. Cristo não se refere à tristeza do luto, mas à tristeza do arrependimento.[6]

As lágrimas anunciadas por Jesus não são fruto de um choro carnal, ou seja, de circunstâncias externas, como a morte de um parente, a perda de um emprego, o término de um relacionamento ou o fim de uma amizade. Também não é um choro de remorso e de desespero, sentimentos experimentados por Judas Iscariotes (Mt 27.3-5), que normalmente irrompe quando um erro é exposto e a pessoa chora por ter sido descoberta e confrontada. Da mesma forma não é o choro pelas consequências do próprio pecado, quando se sofre pelos resultados das próprias atitudes, e não pelo erro em si. Por último, não é um choro apenas externo e teatral, quando os olhos estão molhados, mas o coração continua duro; quando a face aparentemente se lamenta, mas o interior permanece inabalável e orgulhoso.

O teólogo reformado R. C. Sproul explica que o ser humano é perito em racionalizar e está sempre pronto a desculpar a si mesmo.[7] O arrependimento de que estamos falando, porém, não é um simples reconhecimento casual de culpa ou uma autojustificação. O choro do arrependimento descrito por Jesus

[6] John Stott, *Contracultura cristã: A mensagem do Sermão do Monte* (São Paulo: ABU Editora, 1981), p. 19.

[7] R. C. Sproul, *O que é arrependimento?* (São José dos Campos: Fiel, 2013), p. 19.

em Mateus 5 não vem acompanhado de desculpas que tentam minimizar o peso do nosso pecado, mas brota da sinceridade de coração.

Voltando à segunda carta de Paulo aos coríntios, o apóstolo ainda lista uma série de atitudes que a tristeza segundo Deus produz em nós: dedicação, desejo pela inocência, indignação, temor, saudade, zelo e desejo de ver a justiça sendo feita (2Co 7.11) O arrependimento verdadeiro produz mudanças práticas que podem ser percebidas através de atitudes. Paulo percebeu os frutos do arrependimento nos coríntios. Será que as pessoas à nossa volta conseguem perceber, em nós, os frutos de um coração contrito, arrependido?

A importância do arrependimento na Bíblia

R. C. Sproul aponta ainda que a importância do arrependimento vem desde o Antigo Testamento com a experiência de Israel, principalmente através do *arrependimento cultural ou religioso.*[8] Entre os padrões comportamentais ou na vida religiosa da comunidade, havia práticas que facilitavam ou demonstravam o ato de arrepender-se. Era comum o incentivo ao jejum coletivo, para que, por meio dessa demonstração de sacrifício e humildade, o povo se colocasse arrependido diante de Deus e, consequentemente, conseguisse seu perdão (Lv 16.29-34; 23.26-32). Vestir-se com pano de saco e cobrir-se com cinzas também eram confirmações externas de um coração angustiado e arrependido (Dn 9.3).

Contudo, durante os séculos 7 e 8 a.C., grandes profetas como Amós, Jeremias e Isaías passaram a convidar o povo

[8] Ibid., p. 6-8.

— que por muitas vezes realizava ritos de arrependimento apenas para cumprir uma prática religiosa — a verdadeiramente quebrantar o coração, sem fingimento. Esse era o *arrependimento profético.*[9] O livro de Joel, por exemplo, nos mostra que, após uma praga severa ter vindo sobre o povo de Deus, o profeta chama os sacerdotes e todo o povo ao arrependimento:

> Vistam-se de pano de saco e chorem, sacerdotes!
> Lamentem, vocês que servem diante do altar!
> Venham, passem a noite vestidos de pano de saco,
> vocês que servem ao meu Deus.
> Pois não há cereal nem vinho
> para oferecer no templo de seu Deus.
> Convoquem um tempo de jejum,
> juntem o povo para uma reunião solene.
> Tragam os líderes e todos que habitam na terra
> para o templo do SENHOR, seu Deus,
> e ali clamem a ele.
>
> Joel 1.13-14

No capítulo seguinte, após o chamado ao arrependimento, o profeta Joel garante que, se o povo rasgar o coração, e não apenas as vestes, o Senhor pode mudar de ideia e ter misericórdia, "pois ele é misericordioso e compassivo, lento para se irar e cheio de amor; está sempre pronto a voltar atrás e não castigar" (Jl 2.13). Nosso Deus tem compaixão de corações quebrantados e genuinamente arrependidos.

O livro de Salmos também nos mostra algumas orações e canções entoadas a partir de um coração arrependido que reconhece seu pecado. Os chamados "salmos penitenciais" pela

[9] Ibid., p. 11.

tradição católica são um conjunto de orações que combatem os sete pecados capitais, sendo eles: a soberba (Sl 6), a avareza (Sl 31), a ira (Sl 37), a luxúria (Sl 50), a gula (Sl 101), a inveja (Sl 129) e a preguiça (Sl 142). O salmo 51 também é bastante conhecido, tendo em vista que foi escrito logo após o profeta Natã confrontar Davi por conta da sequência de erros cometidos contra Bate-Seba. Logo nos primeiros versos, o rei arrependido declara de todo o coração:

> Tem misericórdia de mim, ó Deus,
>   por causa do teu amor.
> Por causa da tua grande compaixão,
>   apaga as manchas de minha rebeldia.
> Lava-me de toda a minha culpa,
>   purifica-me do meu pecado.
> Pois reconheço minha rebeldia;
>   meu pecado me persegue todo o tempo.
>
> Salmos 51.1-3

No Novo Testamento, boa parte das pregações convidam os ouvintes ao arrependimento. João Batista, ao preparar o caminho para o Messias, clamava no deserto dizendo: "Arrependam-se, pois o reino dos céus está próximo" (Mt 3.2), e se dirigia aos fariseus e saduceus exigindo: "provem por suas ações que vocês se arrependeram" (Mt 3.8).

Jesus também sempre conduzia o povo ao arrependimento, um dos objetivos de seu ministério: "As pessoas saudáveis não precisam de médico, mas sim os doentes. Não vim para chamar os justos, mas sim os pecadores, para que se arrependam" (Lc 5.31-32). Ele expressou, aliás, o quanto o arrependimento alegra a Deus: "Da mesma forma, há alegria na presença dos anjos de Deus quando um único pecador se arrepende" (Lc 15.10).

Já o livro de Atos nos mostra como os discípulos seguiram o exemplo de Jesus e sua exortação ao arrependimento até na forma de pregar. Pedro proclamou ao povo: "Vocês devem se arrepender, e cada um deve ser batizado em nome de Jesus Cristo, para o perdão de seus pecados. Então receberão a dádiva do Espírito Santo" (At 2.38); "Agora, arrependam-se e voltem-se para Deus, para que seus pecados sejam apagados" (3.19). O apóstolo Paulo, em Atos 17, exortou os atenienses quanto à idolatria praticada e disse que Deus manda que todas as pessoas, em todos os lugares, arrependam-se dos seus pecados (17.30).

Diante de tantos textos que falam da necessidade do arrependimento, podemos concluir que a Bíblia é clara ao demonstrar que ele é parte fundamental da vida cristã, e não opcional. Deve ser buscado e cultivado diariamente, inclusive através de lágrimas, para que possamos obter maturidade espiritual e real transformação.

Como é a mulher bem-aventurada que chora em arrependimento?

A mulher bem-aventurada que chora em arrependimento já passou pelo processo de conversão, reconheceu o estado pecaminoso do seu ser e sua necessidade da graça. Não há como lamentar pelo nosso pecado sem antes ter um encontro verdadeiro com Cristo. Somente quando conhecemos a santidade de Jesus podemos olhar para nós mesmas e enxergar a podridão inerente à nossa condição humana. O arrependimento é o primeiro passo rumo à salvação; todos precisam passar por ele para um dia passar pela porta estreita. Sproul explica a importância do arrependimento:

> Também podemos ser tentados a pensar no arrependimento como um acessório opcional a fé. Afinal de contas, a justificação é tão somente pela fé. Mas a justificação não exclui o arrependimento. O arrependimento não é um conceito irrelevante na Bíblia; antes é central à conversão e à justificação.[10]

A mulher bem-aventurada que chora em arrependimento cultiva um relacionamento íntimo com Deus. Apenas mediante a intimidade com o Senhor, conhecendo quem ele é, a sua Palavra e os seus princípios, podemos viver uma vida arrependida. E como se conhece alguém? Dedicando tempo de qualidade à pessoa, investindo em boas conversas e, principalmente, ouvindo o que ela tem a dizer. A mesma lógica se aplica ao relacionamento com Deus. Ao conhecê-lo em profundidade, saberemos o que precisa ser transformado em nós e atenderemos às suas expectativas ao nosso respeito.

A mulher bem-aventurada que chora em arrependimento sente repulsa pelo pecado. Desde criança tenho um medo e um nojo inexplicáveis de rã. Tenho consciência de que aquele animalzinho pequeno é incapaz de me morder ou de me fazer algum mal. Mas sempre que vejo uma rã, mesmo que de longe, eu me arrepio dos pés à cabeça. Certo dia, durante o inverno, na casa da minha mãe, uma rã pulou na minha perna. Quando aquele corpinho gelado encostou na minha pele, senti uma repulsa tão grande que chorei de agonia e corri para o chuveiro, a fim de lavar o local que ela havia tocado. Nessa ocasião, um mero animal indefeso provocou toda essa repulsa em

[10] Sproul, *O que é arrependimento?*, p. 17.

mim. Muitas vezes, porém, o pecado, algo tão destrutivo que pode nos levar à morte, não nos causa tamanho nojo. Nossa repulsa frente ao pecado deve ser tão grande a ponto de nos tornar intolerantes a qualquer contato, por menor que seja, com coisas que desagradem a Deus.

A mulher bem-aventurada que chora em arrependimento tem consciência de que precisa se arrepender constantemente. Um grande marco da verdadeira conversão é o arrependimento, mas ele não deve acontecer apenas no momento em que entregamos nossa vida a Cristo. Se todos os dias pecamos, todos os dias precisamos nos arrepender dos nossos erros. A conversão a Cristo não nos deixa imunes aos efeitos da Queda; pelo contrário, ela nos deixa mais conscientes deles e, consequentemente, nos deixa mais atentos para deles nos afastar.

A mulher bem-aventurada que chora em arrependimento é conhecida por seus bons frutos. Essa mulher não demonstra seu arrependimento genuíno por meio de performances religiosas ou de meras palavras, mas sim de atitudes. Uma mulher arrependida comporta-se de forma diferenciada e luta todos os dias para ser mais santa e parecida com Jesus.

A mulher bem-aventurada que chora em arrependimento é humilde. Não é à toa que a humildade foi a primeira bem-aventurança listada por Jesus, pois é a partir dela que o cristão será capaz de cumprir as demais orientações. Somente uma mulher que reconhece sua pequenez, que tem consciência de suas falhas e que se coloca em seu lugar de pecadora necessitada da graça consegue viver uma vida marcada pelo arrependimento. Se a pessoa orgulhosa nem sequer reconhece os próprios erros, como pode entender que precisa mudar seu comportamento? A Bíblia diz em 1João 1.8 que, se dissermos que não pecamos, estamos nos enganando e a verdade não está em nós.

Portanto, uma mulher orgulhosa que não reconhece o próprio pecado vive no engano. Porém, o versículo seguinte nos garante que, se caminharmos rumo ao arrependimento e confessarmos nossas falhas, Deus é fiel e justo para nos perdoar e nos purificar de toda injustiça. Sproul explica que a principal diferença entre o crente e o incrédulo é o perdão de Deus, ou seja, não temos motivos para nos gloriar,[11] mas sim para viver em humildade.

Exemplos de arrependimento

A Bíblia nos apresenta vários exemplos de pessoas que se arrependeram de seus pecados e mudaram de vida. Aqui eu gostaria de destacar o caso de uma mulher que foi flagrada cometendo um ato considerado uma ofensa capital no mundo antigo. O texto de João 8.1-11 nos conta que Jesus estava ensinando no templo, quando os escribas e fariseus trouxeram diante dele uma mulher que foi flagrada adulterando. Logo, em razão das circunstâncias do flagrante, provavelmente ela não deveria estar adequadamente vestida ou talvez até mesmo estivesse com pouca roupa. Mesmo assim, os acusadores a fizeram ficar em pé, no meio da multidão, exposta física e moralmente aos comentários que a condenavam.

Os mestres da lei, aproveitando aquela situação escandalosa, decidiram testar Jesus, perguntando-lhe sobre o cumprimento da lei: "'Mestre, esta mulher foi pega no ato de adultério', disseram eles a Jesus. 'A lei de Moisés ordena que ela seja apedrejada. O que o senhor diz?'" (Jo 8.4-5). Aqueles estudiosos da lei queriam punir a mulher de acordo com a

[11] Ibid., p. 21.

lei; porém, se voltarmos ao Pentateuco, veremos que eles estavam destacando apenas parte do ordenamento, selecionando apenas o que lhes era conveniente. Vamos verificar as normas instituídas em Deuteronômio e Levítico sobre esse assunto:

> Se um homem cometer adultério com a mulher do seu próximo, o homem e a mulher que cometeram adultério serão executados.
>
> Levítico 20.10

> Se um homem for flagrado cometendo adultério, ele e a mulher terão de morrer. Desse modo, vocês eliminarão o mal do meio de Israel.
>
> Deuteronômio 22.22

A lei de Moisés, determinada pelo próprio Deus, estabelecia que todos os envolvidos no ato de adultério deveriam ser punidos. Assim, a pergunta óbvia é: Onde estava o homem flagrado com aquela mulher? Por que ele e seu pecado também não foram trazidos a público, assim como aconteceu com sua amante? Pode alguém adulterar sozinho? A hipocrisia dos fariseus começou quando favoreceram o homem, dando-lhe tratamento diferenciado e omitindo sua identidade, mesmo ele sendo tão responsável quanto a mulher por esse pecado. Porém, eles escolheram humilhar em público apenas a parte mais vulnerável socialmente. Além disso, o maior objetivo deles não era prezar pelo cumprimento da lei; estavam apenas provocando Jesus e, conforme a resposta que ele desse, teriam motivos para acusá-lo.

Enquanto a confusão acontecida ao seu redor, Jesus escrevia na terra com o dedo, parecendo indiferente. Diante daquele tumulto, Jesus permaneceu inalterável — afinal, nada o surpreenderia, muito menos a malícia dos mestres da lei. Ele também não se mostrou escandalizado com o estado da mulher ou com a denúncia do seu pecado. Com a mesma calma de antes, levantou-se e deu uma resposta que deixou todos sem palavras: "Aquele de vocês que nunca pecou atire a primeira pedra" (Jo 8.7).

Enquanto ele voltava a escrever na terra, os acusadores, diante daquela frase curta, porém confrontadora, foram se dispersando aos poucos. Por fim, permaneceram apenas Jesus e a mulher diante dele no meio da multidão. Depois de ter sido arrastada, xingada, humilhada, exposta e maltratada, suponho que ela tenha ficado em choque diante do comportamento inusitado de Jesus. A surpresa deve ter sido ainda maior quando ele se voltou para ela e perguntou: "Onde estão seus acusadores? Nenhum deles a condenou?" (Jo 8.10). A mulher deve ter olhado ao redor, ainda incrédula, e respondeu: "Não, Senhor". A próxima fala do Cristo finalizou o diálogo de uma forma brilhante: "Eu também não a condeno. Vá e não peque mais" (8.11).

Ao instruir a mulher a abandonar sua vida de pecado, Jesus estava convidando-a ao arrependimento, ou seja, a reconhecer seu erro e a mudar a rota de sua vida. Sem a intervenção de Jesus, aquele momento de exposição pública seria apenas mais um trauma e, na melhor das hipóteses, teria provocado talvez um pouco de remorso. Com a maneira como Jesus conduziu a situação, porém, naquele momento ela sentiu a tristeza segundo Deus, que leva ao arrependimento genuíno e não vem de nós mesmas, mas é fruto da intervenção divina. Jesus estava entrando na vida dela para mudar sua história e promover uma profunda e intensa limpeza, purificação.

Jesus não tinha a intenção de condenar nem de punir aquela mulher, mas sim de acolhê-la e fazer dela uma discípula. Ele não via apenas a sujeira superficial do pecado que a cobria, mas enxergava naquela mulher assustada e humilhada a imagem e semelhança de seu Criador. Ele age da mesma forma conosco. Diante de nossas constantes falhas, o Senhor não age como acusador, mas como defensor que, apesar de condenar o pecado, jamais condena o pecador.

Outro exemplo de arrependimento é contado no livro *Pensamentos secretos de uma convertida improvável*, no qual a escritora Rosaria Champagne Butterfield conta a história marcante de sua conversão e transformação de vida. Rosaria era uma renomada professora universitária, além de ser pesquisadora e palestrante. Sua especialidade era a Teoria Queer, que estuda gênero e orientação sexual. Ela era uma grande apoiadora do movimento gay e uma feminista convicta. Rosaria também vivia um relacionamento homossexual e era ativista lésbica. Além disso, considerava os cristãos péssimos pensadores e péssimos leitores, ou seja, anti-intelectuais, além de já ter presenciado até mesmo atos de intolerância praticados por membros de igrejas da região. Quanto à sua espiritualidade, ela acreditava que Deus estava morto, mas, mesmo se ele estivesse vivo, a realidade repleta de pobreza, violência, racismo, sexismo, homofobia e guerra eram provas de que ele não se importava com a Criação.

Certo dia, após publicar em um jornal local uma crítica a um movimento cristão que enfocava a família e o discipulado de homens, ela recebeu várias cartas com mensagens de ódio em reação ao conteúdo publicado, a maioria delas de remetentes cristãos. No meio de tantas críticas ferrenhas, ela leu a carta do pastor Ken Smith e percebeu a diferença na sua escrita: em vez de agressividade, ele expressou curiosidade; em lugar de expressar desrespeito, questionou respeitosamente as convicções e as fontes utilizadas pela autora; em vez de fazer acusações, demonstrou consideração pelas opiniões dela, ainda que contrárias às suas. Além disso, no final da carta ele deixou seu número de telefone e a convidou para discutirem suas ideias. Aquela atitude carinhosa chamou sua atenção e a fez refletir tanto que a carta ficou em cima da sua mesa durante uma semana inteira.

Depois de muito refletir, Rosaria ligou para o pastor e assim iniciaram uma amizade improvável, mas nascida e sempre baseada no respeito mútuo. O pastor Ken e a sua esposa, Floy, não se encaixavam no estereótipo que ela tinha dos crentes, pois eram um casal equilibrado, hospitaleiro e sensível às opiniões e às escolhas dela. Ao relatar esse processo, ela explica como o comportamento deles a fez baixar a guarda e se permitir conhecer algo que era tão distante da sua realidade:

> Ken estava disposto a levar a igreja até mim. Isso me deu o espaço e a segurança necessários para corresponder à vulnerabilidade e transparência de Ken e Floy. E, assim, abri-me a eles. Permiti que soubessem quem eu era e o que valorizava. Convidei-os para a minha casa e meu mundo. Eles conheceram meus amigos, foram aos meus jantares, viram-me funcionar na vida real. Eles se fizeram confiáveis o suficiente para eu fazer isso.[12]

Lendo a história de Rosaria e o papel fundamental de discipuladores que o casal teve em sua vida, eu me pergunto se nós, cristãos, estamos de fato convidando pecadores ao arrependimento ou apenas lhes apontando o dedo impiedosamente. Aquela mulher teve contato com inúmeros crentes ao longo de sua vida, mas foi quando olharam para ela como

[12] Rosaria Champagne Butterfield, *Pensamentos secretos de uma convertida improvável* (Brasília: Monergismo, 2017), p. 36.

pessoa, como ser humano digno, não a resumindo à sua orientação sexual ou à sua aparência, que ela realmente sentiu desejo de conhecer a Jesus. Ken e Floy trataram Rosaria da mesma maneira que Jesus tratou a mulher adúltera, com acolhimento e empatia, não com julgamento e condenação. Rosaria descreve em seu livro que eles não a pressionaram, não a constrangeram nem interferiram na vida pessoal dela. Isso fez total diferença em seu processo de conversão!

Durante o período de dois anos, Rosaria começou a ler a Bíblia, tentando entender seu conteúdo, e questionou bastante a fé que estava descobrindo. Mas uma inquietação surgia em seu interior, até que ela começou a frequentar uma igreja. No mesmo dia, tarde da noite, ela orou e sentiu a presença de Deus em seu quarto. No meio daquela oração de entrega e rendição, ela orou para que pudesse se arrepender verdadeiramente, e alguns questionamentos surgiram em sua mente, principalmente como fruto do confronto entre a sua antiga realidade e a verdade da Palavra de Deus. E em meio a essa confusão, ela relata que descobriu uma verdade poderosa:

> Aprendi a primeira regra do arrependimento: o arrependimento exige maior intimidade com Deus que com o pecado. Quão maior? Mais ou menos o tamanho de um grão de mostarda. O arrependimento exige que nos aproximemos de Jesus, não importa o que aconteça. E, algumas vezes, todos temos de nos arrastar até lá sobre nossas mãos e joelhos. Arrependimento é um assunto íntimo.[13]

Depois que ela entendeu a necessidade do arrependimento, sua vida começou a mudar. Não de forma instantânea e

[13] Ibid., p. 51.

rápida, mas gradativamente, à medida que o Espírito Santo trabalhava em sua vida. Fácil não foi, pois tudo o que ela conhecia e prezava foi revirado completamente. Porém, ela encontrou sua identidade em Cristo, teve sua sexualidade redimida e seus ideais restaurados. Uma verdadeira *metanoia* ocorreu na vida de Rosaria, ou seja, uma mudança de mente que resultou em mudança de atitude.

> A cura advém da obra de Deus, e Deus lida conosco de maneira diferente quando lidamos com ele de maneira diferente. Quando nos arrependemos, ele escuta. Creio estar curada? Sim. Minha vida mostra os sinais. Minha vida passou de preta e branca para colorida. No início, não me reconhecia no mundo. Hoje, não me reconheço em fotos da minha vida como lésbica.[14]

Recomendo fortemente que você leia o livro de Rosaria e conheça em mais detalhes seu testemunho de conversão e arrependimento. Ver mulheres mudando de vida após encontrarem o Amado de sua alma é um verdadeiro deleite. Sim, o processo de arrepender-se arranca lágrimas, como ocorreu com a mulher adúltera e com Rosaria; porém, o resultado desse choro é algo espetacular!

O choro do arrependimento pode ser doloroso e confrontador, mas são as lágrimas mais valiosas e necessárias que derramamos. Essas lágrimas não são vertidas em vão, pois, além de gerarem mudança de vida, também geram o consolo que vem diretamente de Deus. A palavra grega utilizada para o termo "consolados" é *paraklethesontai*, que significa confortar, achar conforto e ser consolado. Quando somos crianças e ralamos o joelho, encontramos consolo nos braços

[14] Ibid., p. 55.

de nossa mãe; porém, quando nossa alma está dolorida, por deparar com o próprio pecado, encontramos consolo e abrigo no Deus que pode nos lavar e limpar completamente. Esse consolo é precioso porque representa alívio para a dor, a cura de uma ferida. Esse conforto é escatológico, uma vez que provamos hoje, de forma parcial, o que um dia desfrutaremos de forma integral no céu. Esse alento é necessário, uma vez que resulta do encontro de uma pecadora com o único santo que existe. Que privilégio poder chorar aos pés de nosso Senhor e ser completamente consolada por aquele que tem o melhor abraço do mundo!

– 3 –

BEM-AVENTURADAS AS MANSAS

Bem-aventurados os mansos, porque herdarão a terra.

Mateus 5.5 (ARA)

Boa parte das grandes guerras na história da humanidade tinha por objetivo conquistar territórios. A Primeira Guerra Mundial (1914-1918), que teve como principal motivo o imperialismo e a disputa territorial na África e na Ásia, aniquilou cerca de 20 milhões de pessoas. Já a Segunda Guerra, cujo principal fator foi o expansionismo da Alemanha, matou entre 40 e 72 milhões de pessoas.[1]

Embora tenhamos uma noção do número de vidas ceifadas por esses conflitos, motivados pela ambição da conquista de poder e de territórios, jamais conseguiríamos mensurar a quantidade de vidas roubadas, famílias destruídas e corações partidos que deles resultaram. Os grandes conquistadores buscavam poder mediante a tomada da maior quantidade de territórios possível; porém, à medida que pensavam estar alcançando esse poder, que supostamente lhes proporcionaria uma aparente liberdade, eles, na verdade, estavam se tornando cada vez mais prisioneiros da própria ganância e violência. No

[1] Lívia Aguiar, "Os 12 conflitos armados que mais mataram pessoas", *Superinteressante*, 19 de agosto de 2024, <https://super.abril.com.br/coluna/superlistas/os-12-conflitos-armados-que-mais-mataram-pessoas>.

fundo, estavam apenas disseminando destruição. Provérbios 16.32 diz claramente que é melhor ser paciente do que guerreiro, pois tem mais benefício quem controla o espírito do que quem conquista uma cidade inteira.

A expectativa da vinda do Messias também estava de certa forma ligada a essa ideia de embates e confrontos, uma vez que os judeus — subjugados pelos romanos a partir do ano 63 a.C. — esperavam um Messias político, guerreiro e que implantasse o seu reino pela força. Hernandes Dias Lopes destaca a expectativa dos judeus para a vinda do Cristo:

> Havia quatro grupos em Israel: 1) Os fariseus — eram os religiosos conservadores; eles queriam um Messias milagroso; 2) Os saduceus — eram os liberais; eles queriam um Messias materialista; 3) Os essênios — eram os místicos que viviam nas cavernas de Qumran, perto do Mar Morto; eles queriam um Messias monástico; 4) Os zelotes — eram os ativistas que se insurgiam contra Roma; eles queriam um Messias militar.[2]

Cada grupo moldava o Messias conforme seus próprios interesses e crenças. Jesus, no entanto, surpreendeu a todos: em vez de agradar às expectativas das várias linhas de pensamento, ele subverteu a lógica vigente. Pela lógica do mundo, para crescer e conquistar poder e prestígio é preciso ser temido e esmagar quem quer que esteja em seu caminho. Era isso que os judeus, principalmente os zelotes, esperavam de Jesus. Até mesmo os próprios discípulos, que andaram com ele e ouviram seus ensinamentos, esperavam que seu Mestre ao

[2] Hernandes Dias Lopes, *A felicidade ao seu alcance: Uma exposição das bem-aventuranças* (São Paulo: Hagnos, 2008), p. 47-8.

menos se posicionasse politicamente (At 1.6). Porém, a lógica do reino de Deus é completamente diferente.

Nas bem-aventuranças, Jesus garante que um grupo de pessoas herdará a terra. Mas ele não está falando dos impiedosos, dos poderosos, dos grandes conquistadores nem dos líderes de grandes exércitos. A terra prometida como herança pelo Senhor não será conseguida pela força do braço, mas sim pela mansidão: "Bem-aventurados os mansos, porque herdarão a terra" (Mt 5.5, ARA). Tenho certeza de que Hitler e todos os demais líderes poderosos e cruéis da história, imbuídos da sede de conquista, jamais cogitaram tamanha contradição; diante de Deus, porém, essa verdade é absoluta.

Da mesma forma que a humildade está no centro de quem Jesus é, a mansidão também faz parte do seu caráter (Mt 11.29). Humildade e mansidão andam de mãos dadas e se complementam na busca por maturidade espiritual e santificação. A humildade se volta para o interior, enquanto a mansidão, para o exterior, conforme explica Russell Shedd:

> A humildade descreve uma atitude no tocante a nós mesmos. A maneira de avaliar a nós mesmos e a nossa autoestima são questões de humildade; mas a mansidão diz respeito às nossas reações diante das circunstâncias e das pessoas que Deus coloca em nosso caminho. O sermos afetados por aquelas circunstâncias da vida que estão além do nosso controle pertence ao âmbito da mansidão.[3]

É fácil calcular nossas ações, pois podemos premeditar o que vamos dizer e como vamos agir. Porém, é muito difícil

[3] Russell Shedd, *A felicidade segundo Jesus* (São Paulo: Vida Nova, 1998), p. 46.

controlar nossas reações quando deparamos com uma circunstância inesperada. Ser manso é saber reagir de forma equilibrada e com domínio próprio diante de toda e qualquer situação, por pior que seja. É o que Bíblia nos orienta:

> Irmãos, se alguém for vencido por algum pecado, vocês que são guiados pelo Espírito devem, com mansidão, ajudá-lo a voltar ao caminho certo. E cada um cuide para não ser tentado.
>
> Gálatas 6.1

> O servo do Senhor não deve viver brigando, mas ser amável com todos, apto a ensinar e paciente. Instrua com mansidão aqueles que se opõem, na esperança de que Deus os leve ao arrependimento e, assim, conheçam a verdade. Então voltarão ao perfeito juízo e escaparão da armadilha do diabo, que os prendeu para fazerem o que ele quer.
>
> 2Timóteo 2.24-26

> Em vez disso, consagrem a Cristo como o Senhor de sua vida. E, se alguém lhes perguntar a respeito de sua esperança, estejam sempre preparados para explicá-la. Façam-no, porém, de modo amável e respeitoso. Mantenham sempre a consciência limpa. Então, se as pessoas falarem mal de vocês, ficarão envergonhadas ao ver como vocês vivem corretamente em Cristo
>
> 1Pedro 3.15-16

O adjetivo grego utilizado nas bem-aventuranças para falar de mansidão é *praus*, que literalmente significa "gentil, cortês e atencioso", ou seja, uma pessoa que exerce o autocontrole de maneira harmoniosa.[4] John Stott afirma que podemos para-

[4]John Stott, *Contracultura cristã: A mensagem do Sermão do Monte* (São Paulo: ABU Editora, 1981), p. 20.

frasear Mateus 5.5 como: "bem-aventurados aqueles que têm um espírito gentil".[5]

Diante de uma sociedade acostumada a encarar a agressividade como sinal de poder, Jesus se descreve como manso e gentil. Ele era alguém completamente diferente do que esperavam dele naquela época e, até mesmo, do que esperam alguns em nossos dias, pois ele é o extremo oposto do que muitos defensores da tal "masculinidade bíblica" pregam hoje. Dane Ortlund nos lembra que Jesus não é esquentadinho, duro ou reacionário, nem é alguém que se irrita com facilidade, mas sim a pessoa mais compreensiva do universo.[6] Jesus foi um homem que provou que a essência do poder cristão se manifesta não com violência, mas com mansidão.

Evitando equívocos

Qual foi a última vez que você orou pedindo a Deus para ser mais mansa? Você consegue se lembrar? Apesar de estar entre as bem-aventuranças ensinadas pelo próprio Cristo, a mansidão não é uma característica muito buscada pelos cristãos, e isso ocorre principalmente em razão de equívocos que rondam o tema. Martyn Lloyd-Jones elenca quatro concepções equivocadas quando o assunto é mansidão.[7]

A primeira delas é acreditar que a mansidão é algo natural e típico de certas pessoas que nascem mais calmas ou mais

[5] Ibid.

[6] Dane Ortlund, *Manso e humilde: O coração de Cristo para quem peca e para quem sofre* (Rio de Janeiro/São Paulo: Thomas Nelson Brasil/Pilgrim, 2021), p. 19.

[7] Martyn Lloyd-Jones, *Estudos no Sermão do Monte* (São José dos Campos: Fiel, 1984), p. 61.

equilibradas, enquanto outras simplesmente não nascem com essa capacidade. Ocorre que ninguém é naturalmente manso, embora todas nós possamos nos tornar mansas mediante o agir do Espírito Santo em nós. Ninguém pode se gabar de sua mansidão, pois ela é obra exclusiva do Consolador (Gl 5.22-23).

A segunda concepção equivocada em relação à mansidão é achar que mansa é sinônimo de alguém covarde, que não reage diante dos problemas. Na sociedade atual é comum que as pessoas sejam admiradas por darem respostas malcriadas, quando contrariadas, ou por levantarem a voz diante de uma situação incômoda, o que faz com que sejam vistas como alguém "de atitude". Contudo, sempre que tivermos de reagir a algo que nos desagrada, não precisamos gritar nem xingar ninguém. Jesus foi manso, mas quando foi preciso derrubou as mesas e expulsou os vendedores oportunistas do templo (Mt 21.12). Quando deparou com a maldade do povo, chamou-os de "raça de víboras" (Mt 12.34), e ao ver a hipocrisia dos fariseus, dirigiu-se a eles como "hipócritas" (Mt 15.7).

A terceira concepção equivocada é acreditar que ser mansa é manter a paz a qualquer custo, ou seja, não se posicionar, não ter opinião própria ou ser conivente com ações erradas apenas para evitar um embate. Eu mesma carrego um grande defeito: tenho o costume de fugir de conflitos. Se preciso ter uma conversa séria com alguém, dizer que fiquei chateada por algum motivo ou tomar uma posição mais assertiva sobre algum assunto, automaticamente entro em pânico. Em razão disso, fujo dessas situações e, consequentemente, acabo acumulando problemas mal resolvidos para tentar manter uma paz que, nessas condições, é apenas aparente. Quando me comporto assim, não estou sendo mansa, mas sim omissa.

A quarta concepção equivocada é pensar que ser mansa é manter uma fachada ou uma máscara de controle emocional, ou seja, apenas aparentar serenidade e calma, mas por dentro estar vivendo um misto de vulcão em erupção e bomba prestes a explodir. A mansidão é algo que começa em nosso interior e se manifesta através da nossa expressão corporal, ou seja, não significa fingir nem encenar algo que não é real dentro de nós. De que adianta manter uma aparência de mansidão aos olhos humanos, mas nutrir por dentro uma fúria que Deus pode enxergar? De que adianta não falar mal do semelhante, mas torcer secretamente para que algo de ruim lhe aconteça? Isso não é mansidão, é falsidade. Ao agir assim, você não é bem-aventurada, mas sim uma ótima atriz.

Como é a mulher bem-aventurada e mansa?

A mulher bem-aventurada e mansa é aquela que se submete à vontade de Deus de forma completa e incondicional. A mansidão não se revela apenas em nosso comportamento com outras pessoas, mas sobretudo em nossa reação diante dos desígnios que o Senhor determinou para cada uma de nós. Muitas vezes achamos que sabemos o que é melhor para nós. Fazemos planos, criamos expectativas e projetamos cenários em nossa mente. Quando tomamos decisões, cremos estar fazendo as melhores escolhas. Contudo, nossos planos são baseados em nossa percepção limitada, e muitas vezes não reconhecemos isso.

Provérbios 16.1 nos diz que é natural fazermos planos. Algumas de nós são viciadas em agendas e *planners,* e gostam de ter tudo sob controle. Mas o que acontece quando a vida se desenrola de modo completamente diferente do que idealizamos?

Como agirmos quando os planos do Senhor forem diferentes dos nossos? A segunda parte de Provérbios 16.1 nos mostra uma realidade que pode ser desafiadora para as viciadas em controle: nós fazemos planos, mas a última palavra, a resposta certa, vem dos lábios do Senhor. Assim, a mansidão se manifesta quando, diante de uma divergência entre nossos planos e os de Deus, não nos revoltamos, não murmuramos nem ficamos ressentidas com Deus. Pelo contrário, acalmamos nosso coração e agimos com mansidão, cientes de que os planos dele são maiores e melhores do que os nossos, em qualquer situação, mesmo que nos pareça difícil acreditar nisso no momento.

A mulher bem-aventurada e mansa não perde a serenidade diante das provações. Durante seu ministério, Jesus nos mostrou um fato doloroso: no mundo, teremos aflições de todos os tipos e tamanhos, com duração e intensidade variadas. Não é mera possibilidade, é uma realidade. Todas nós já passamos por provações ao longo de nossa caminhada. Praticamos a mansidão quando atravessamos circunstâncias ruins, mas exercitamos a fé de modo a não permitir que entremos em um ciclo de autocomiseração, vitimismo ou desespero. A mulher mansa enfrenta as tribulações da vida com a serenidade e consciência de que Deus jamais perde o controle. Ela entende que todas as coisas cooperam para o seu bem, até mesmo as tempestades e os períodos de escuridão. Isso não quer dizer que ela seja inabalável ou que jamais se entristeça, mas sim que ela oferta suas lágrimas ao Deus que pode colhê-las e enxugá-las. Ela chora aos pés do Senhor, mas mantém o coração descansado naquele que sabe mais.

A mulher bem-aventurada e mansa não se deixa provocar nem se inflama facilmente. A palavra grega que foi utilizada por Jesus nas bem-aventuranças, *praus*, era utilizada pelos gregos para descrever um cavalo domado, ou seja, amansado e que está sob as rédeas do seu dono. Nesse sentido, diante de uma provocação, injúria ou injustiça, a mulher mansa é controlada pelo Espírito Santo e não explode com facilidade. Sempre que a ira ou a indignação surge, é como se o Espírito Santo puxasse as rédeas e a impedisse de agir motivada pela ira. Ser controlada pelo Espírito não significa omissão nem fraqueza, mas sim adotar um posicionamento sábio e equilibrado. Significa reagir com tranquilidade; irar-se — afinal, a ira é uma reação natural do ser humano —, mas não pecar (Ef 4.26), isto é, não deixar que a ira consuma e controle suas atitudes.

A mulher bem-aventurada e mansa não age no momento da raiva ou do nervosismo. Ela tem consciência de que, ao agir por impulso, tem grandes chances de perder a calma e explodir. Deixamos a ira nos dominar facilmente quando não ponderamos ou não refletimos antes de agir. Sendo assim, uma mulher mansa está sempre pronta a ouvir, é tardia para falar e, consequentemente, tardia para irar-se (Tg 1.19), além de estar sempre pronta a buscar em oração a direção do Senhor.

A mulher bem-aventurada e mansa não responde o mal com o mal. Quando alguém grita, ela não grita ainda mais alto em resposta. Quando alguém usa palavras depreciativas e xingamentos, ela não responde com agressividade. Quando alguém a despreza ou a trata com desrespeito, ela não retribui da mesma forma. Muitas pessoas podem achar que agir assim é sinônimo de fraqueza, mas na verdade essa é uma marca de um cristão autêntico. Uma mulher mansa responde o mal com o bem, conforme orienta Paulo em Romanos 12.20. Além disso, vemos Jesus, o maior exemplo de mansidão que já existiu, nos ensinando isso na prática:

> Mas a vocês que me ouvem, eu digo: amem os seus inimigos, façam o bem a quem os odeia, abençoem quem os amaldiçoa, orem por quem os maltrata. Se alguém lhe der um tapa numa face, ofereça também a outra. Se alguém exigir de você a roupa do corpo, deixe que leve também a capa. Dê a quem pedir e, quando tomarem suas coisas, não tente recuperá-las. Façam aos outros o que vocês desejam que eles lhes façam.
>
> Lucas 6.27-31

A mulher bem-aventurada e mansa cultiva o fruto do Espírito em sua vida. Em Gálatas 5.19-21, vemos a explanação de quais seriam as obras da carne. Entre elas, encontramos uma que é o extremo oposto da mansidão: a ira. Mulheres iradas inflamam-se com extrema facilidade, e deixam sua carne falar mais alto. A mulher mansa luta ativamente contra a sua carne e está sempre buscando frutificar com o auxílio divino. A mansidão é fruto da presença e da atuação do Espírito (Gl 5.23), ou seja, podemos concluir que ela não surge em nossa vida espontaneamente, por causa da nossa bondade inerente. Ninguém nasce manso nem se torna assim por conta própria, por esforço ou por mérito. Todas nós nascemos pecadoras e, a partir do encontro com Jesus, passamos a ser transformadas diariamente. A mulher mansa reconhece suas limitações e busca ser moldada constantemente pelo Espírito.

Exemplos de mansidão

Quando penso em exemplos de mansidão, lembro-me automaticamente de alguém improvável: uma mulher nascida em uma cidade irrelevante e vinda de uma família que não era rica nem importante. Aos olhos do mundo, ela não tinha nada a oferecer, mas diante do Senhor, foi escolhida e considerada agraciada. Maria, mãe de Jesus, ainda muito jovem recebeu a visita de um anjo. Quando leio esse relato no primeiro capítulo do Evangelho de Lucas, fico tentando imaginar como seria um encontro repentino com um ser celestial. Não sei você, mas eu sentiria um misto de surpresa, terror e admiração e, certamente expressaria tudo isso com um grito. A Bíblia fala que Maria se assustou, mas o anjo logo a tranquilizou, explicando o motivo da visita:

> "Não tenha medo, Maria", disse o anjo, "pois você encontrou favor diante de Deus. Ficará grávida e dará à luz um filho, e o chamará Jesus. Ele será grande, e será chamado Filho do Altíssimo. O Senhor Deus lhe dará o trono de seu antepassado Davi, e ele reinará sobre Israel para sempre; seu reino jamais terá fim!"
>
> Lucas 1.30-33

Diante daquela anunciação, a jovem virgem e noiva de José fez uma pergunta completamente plausível: "Como isso acontecerá?" (Lc 1.34). Mais uma vez vemos o cuidado de Deus para sanar todas as dúvidas de Maria, quando o anjo pacientemente respondeu que o Espírito Santo viria sobre ela e, assim, ela conceberia um menino: "Pois nada é impossível para Deus" (1.37). Após toda a explicação, a jovem demonstrou mais maturidade do que muitas mulheres mais velhas, quando disse: "Sou serva do Senhor. Que aconteça comigo tudo que foi dito a meu respeito" (1.38).

Responda com sinceridade: Será que você reagiria da mesma forma que Maria? Aceitaria rapidamente um destino que viria repleto de desafios, incertezas e dores? Ela estava comprometida com um casamento que aconteceria em breve; ao aparecer grávida, perderia não só o futuro relacionamento, mas também o respeito de toda a sociedade, e poderia até mesmo perder a própria vida se fosse acusada de adultério. Além disso, o fato de ser bem jovem e se tornar mãe repentinamente traria muitas responsabilidades. A escritora Rebecca McLaughlin destaca com sensibilidade essas adversidades:

> Quando olhamos pelos olhos de Maria, vemos também o custo de deixar Jesus entrar. O nascimento em si é bastante penoso. Amamentar um bebê dia e noite é um ato contínuo de amor sacrificial. [...] Para Maria, dois milênios atrás, todos os riscos eram multiplicados — o risco da sua própria morte no parto ou de que o filho morresse quando bebê. Entretanto, Maria assumiu muito mais riscos com Jesus do que teria tido com outra criança. Ela arriscou a reputação, as perspectivas de casamento, a comunidade e até mesmo a vida quando respondeu a Gabriel.[8]

Pense bem: por muito menos rejeitamos os planos de Deus e queremos a todo o custo seguir os nossos planos. Diante de situações bem mais simples, nós nos revoltamos porque algo não acontece de acordo com as nossas expectativas. No dia a dia, diante de algo que foge ao nosso controle, com frequência nos rebelamos contra o Senhor, pois simplesmente não aceitamos ser contrariadas pelo próprio Criador. Contudo, como vimos antes, uma das principais características de uma mulher mansa é a completa e incondicional submissão à vontade de Deus. Maria começou demonstrando sua mansidão já logo no

[8] Rebecca McLaughlin, *O Jesus que as mulheres viram: Como as primeiras discípulas nos ajudam a conhecer e amar o Senhor* (São Paulo: Mundo Cristão, 2023), p. 32.

início do seu lindo chamado. No decorrer de sua vida, porém, também podemos ver essa bem-aventurança presente em vários momentos cruciais.

Em Lucas 2, acompanhamos o nascimento do Salvador do mundo de forma jamais imaginada para alguém tão importante. Enquanto Maria e José estavam em Belém, ela entrou em trabalho de parto e precisava de um local seguro e confortável para dar à luz. Porém, a Bíblia relata que a hospedaria estava lotada e não havia lugar para eles. Maria passou por uma provação antes mesmo de o menino nascer e sua reação diante dela poderia ter sido outra. Chateada por não ter um lugar decente para parir, ela poderia ter se revoltado, reclamado, se desesperado e até mesmo se arrependido de ter aceitado gerar o Messias. Imagine só não poder dar o conforto que Jesus merecia? Mas já vimos anteriormente que outra característica da mulher mansa é a serenidade diante das provações. Mais uma vez a jovem manifestou sua mansidão ao aceitar aquele problema e resolvê-lo da melhor forma possível, sem perder a calma. O casal — pais de primeira viagem — improvisou um berço no lugar onde se depositava comida para os animais, a manjedoura. Jesus não teve um enxoval completo nem um ambiente preparado especialmente para sua chegada; o primeiro lugar em que dormiu foi entre os animais, enrolado apenas em alguns panos. Porém, como nada na vida de Jesus foi em vão, o cenário do seu nascimento também nos apresenta uma mensagem:

> Vemos que a falta de lugar na hospedaria não é um erro, mas uma mensagem. Jesus veio para os pobres e excluídos em primeiro lugar. Mas ele é também o Salvador para todas as pessoas: ricos e pobres, homens e mulheres, jovens e velhos. Enquanto Maria

aprende a amamentar o filho, aprende também mais sobre quem ele realmente é: "o Salvador, que é Cristo, o Senhor" (Lc 2.11).[9]

Na sequência, Lucas nos conta sobre o momento em que Jesus foi apresentado e consagrado no templo. Enquanto José e Maria estavam lá, um homem chamado Simeão, movido pelo Espírito Santo, reconheceu que aquele bebê era o Cristo, deixando seus pais admirados. A Bíblia diz que Simeão os abençoou e se dirigiu especificamente a Maria, proclamando palavras desafiadoras:

> Este menino está destinado a provocar a queda de muitos em Israel, mas também a ascensão de tantos outros. Foi enviado como sinal de Deus, mas muitos resistirão a ele. Como resultado, serão revelados os pensamentos mais profundos de muitos corações, e você sentirá como se uma espada lhe atravessasse a alma.
>
> Lucas 2.34-35

Ao ouvir sobre as controvérsias que o ministério de Jesus suscitaria, Maria sentiu um calafrio percorrer seu corpo. Porém, mais uma vez, nós a vemos manter a calma e o equilíbrio. A fala de Simeão demonstrava que o chamado de Maria estava só começando, ou seja, que o papel dela não era apenas ter sido uma espécie de incubadora para o Filho de Deus. Ela não foi instrumento do Senhor apenas para o Salvador nascer, mas foi uma peça-chave durante toda sua vida, o que não foi tarefa fácil. Sharon Jaynes escreve:

> Temos a tendência de pensar em Maria no Natal e na Páscoa, mas há um período inteiro de vida entre um e outro. Desde o berço até a cruz, Deus usou essa mulher para cuidar de seu Filho,

[9] Ibid., p. 40.

encorajar seu Filho e sustentar seu Filho diante da morte. Ela começou conduzindo o filhinho pela mão e terminou sua jornada com ele conduzindo-a pelo coração.[10]

Quando Jesus tinha completado doze anos, Maria e José foram com ele para Jerusalém a fim de celebrarem a Páscoa. Quando os festejos terminaram, o casal voltou para casa sem perceber que o menino não estava entre eles, acreditando que ele estava retornando entre os companheiros de viagem (Lc 2.44). Só após um dia inteiro de caminhada eles perceberam que Jesus não estava entre eles. Então, voltaram a Jerusalém e começaram a procurá-lo por todo lado. Depois de três dias angustiantes, os pais o encontraram no templo, sentado entre os mestres, ouvindo e debatendo com eles. Diante daquela cena inusitada, eles ficaram perplexos e Maria perguntou: "Filho, por que você fez isso conosco? Seu pai e eu estávamos aflitos, procurando você por toda parte" (Lc 2.48). Qualquer mãe, depois de três dias desesperadores à procura de um filho, esperaria dele no mínimo um pedido de desculpas por não ter avisado onde estava. A resposta de Jesus, porém, deixou o casal sem palavras e sem entender toda aquela situação: "Mas por que me procuravam?", perguntou ele. "Não sabiam que eu devia estar na casa de meu Pai?"

Após esse incidente, eles voltaram juntos para Jerusalém. Mas como Maria estava reagindo depois de tanto nervosismo? Será que ela se descontrolou e gritou com Jesus? Ou será que ela lhe deu umas palmadas, para que ele aprendesse a nunca mais agir assim? A Palavra afirma que Maria não perdeu a serenidade em nenhum momento, mas guardava todas essas

[10] Sharon Jaynes, *Jesus e as mulheres: O que ele pensa de nós* (São Paulo: Mundo Cristão, 2016), p. 61.

coisas no coração (Lc 2.51). Maria não agia antes de pensar e refletir bastante; ela não tomava uma atitude por impulso ou num momento de raiva e de nervosismo. Ela ponderava e examinava os cenários em sua mente, apresentando, assim, várias das características marcantes de uma mulher mansa.

Já adulto, Jesus foi convidado para um casamento, juntamente com seus discípulos e sua mãe. No meio da festa, porém, algo vergonhoso para os noivos aconteceu: o vinho acabou. Diante dessa situação, Maria não falou mal da recepção, não julgou o planejamento da noiva nem espalhou o incidente como uma fofoca. Novamente, sendo um exemplo de mansidão, ela foi em busca de uma solução prática e recorreu a Jesus, sabendo que ele não permitiria que os recém-casados fossem envergonhados. Ela viu com os próprios olhos seu filho realizar o primeiro milagre do seu ministério e transformar água em vinho (Jo 2.1-12). Por causa da serenidade daquela mulher, os convidados nem sequer ficaram sabendo o que aconteceu nos bastidores da festa, e, ainda por cima, o vinho que Jesus providenciara foi elogiado por ser de excelente qualidade.

A Bíblia não relata com detalhes toda a participação de Maria durante os anos de ministério de Jesus, mas certamente ela sempre buscava estar ao lado do filho, apoiando-o para que ele cumprisse sua missão com excelência. A propósito, o evangelista João nos conta que, no momento da crucificação, quando ocorreu a consumação da obra do Messias, ela estava lá, junto à cruz. Aquela não foi uma cena fácil de ser presenciada por uma mãe que vira o filho crescer e cuidara dele. Mas, apesar da dor, Maria permaneceu. Ela sabia que o sangue derramado por Jesus era a coroação do plano divino, de maneira que só lhe restava ficar ao lado de dele, até o último instante. O capítulo 19 do Evangelho de João nos reserva um momento emocionante:

> Quando Jesus viu sua mãe ali, ao lado do discípulo a quem ele amava, disse-lhe: "Mulher, este é seu filho". E, ao discípulo, disse: "Esta é sua mãe". Daquele momento em diante, o discípulo a recebeu em sua casa.
>
> João 19.26-27

Mesmo sentindo dores excruciantes, Jesus percebeu aquela mulher bem-aventurada sofrendo e demonstrou cuidado por ela. Ele sabia que, a partir daquele momento, Maria viveria um estado de vulnerabilidade; então, garantiu-lhe proteção, pedindo que João a acolhesse. A mulher que honrou a Deus durante toda a sua vida foi honrada e recebida na casa do discípulo. Poderíamos imaginar que presenciar a crucificação do próprio filho teria feito Maria ficar paralisada pela dor ou desistir de tudo e buscar uma vida pacata, longe da agitação dos próximos dias. Contudo, em Atos 1.14, vemos que ela permaneceu entre os discípulos para aguardar a vinda do Espírito Santo. Maria foi uma mulher mansa, mas não teve uma vida livre de preocupações, provações ou momentos desesperadores. A mansidão não é característica de quem tem uma vida tranquila, mas sim de quem, apesar das lutas, é uma mulher governada pelo Espírito Santo, e não por seus impulsos. Obviamente, nem todas somos assim.

Lisa Bevere não era um grande exemplo de mansidão. Pelo contrário, tinha um temperamento explosivo e, aos poucos, foi sendo trabalhada por Deus. Seu exemplo nos mostra que é possível sermos transformadas e moldadas pelo Espírito, por pior que seja nosso temperamento. Em seu livro *Eu, meu pavio curto e Deus*, ela compartilha um pouco de sua trajetória para vencer a ira e se tornar uma mulher mais mansa. Logo no primeiro capítulo, ela fala que, em 1988, ela e o marido, John, estavam no meio de uma discussão tão acalorada que ela havia parado de falar com receio de que a situação fugisse do controle. É assim que ela descreve a sensação naquele momento:

> Senti a temperatura subir enquanto minha respiração se tornava cada vez mais ofegante, algo parecido com o que havia acontecido quando entrei em trabalho de parto. Precisava manter o controle. Não podia permitir que a torrente escaldante de palavras enfurecidas jorrasse, de forma incontida, de meus lábios e afogasse meu marido, por mais que eu estivesse chateada com ele.[11]

Eu conheço bem essa sensação e sei que você também. Somos muito rápidas em nos irar e tardias em nos amansar. Mas o relato de Lisa não termina com ela se esforçando ao máximo para manter o controle. Seu marido entendeu o silêncio de maneira errada e passou a provocá-la, até que a explosão veio de uma forma surpreendente:

> Olhei para o prato em minhas mãos. Era um prato de salada, inquebrável. E, como em câmera lenta, voltei-me em um movimento parecido com o de atletas arremessadores de disco e lancei o prato. Não havia como voltar atrás. O prato já estava no ar, seguindo sua trajetória em direção à cabeça de meu marido. John se desviou dele e escapou de uma possível decapitação.[12]

O destino final do prato foi a janela da sala, que se estilhaçou por completo. Lisa conta que, logo após a explosão, ela foi tomada por culpa e vergonha — afinal, ela é esposa de pastor e engajada na igreja. Porém, logo no dia seguinte, seu

[11] Lisa Bevere, *Eu, meu pavio curto e Deus: Aprendendo a irar-se sem pecar* (Rio de Janeiro: Thomas Nelson Brasil, 2023), p. 9.
[12] Ibid., p. 10.

arrependimento foi substituído por justificativas e pelo pensamento: "Mas John também não devia ter me levado a essa extremo".[13] Quantas vezes já agimos como ela e culpamos as outras pessoas ou as circunstâncias pela nossa explosão violenta? A questão é que a mansidão não resulta de um mundo perfeito e sem conflitos, mas sim de uma iniciativa interna em cada uma de nós. A culpa nunca é da provocação, mas sim da nossa falta de domínio próprio diante dela:

> Não assumimos responsabilidade por nossas ações nem nos arrependemos delas. Estamos apenas dizendo: "Sinto muito, mas você me irrita! A culpa é sua. Você me fez ficar com raiva e acabou sofrendo as consequências. Eu não tive escolha. Você me fez perder as estribeiras". De acordo com 1João 1.8, quando seguimos esse roteiro e afirmamos que estamos sem pecado, enganamos a nós mesmas, "e a verdade não está em nós". Uma coisa é conhecer a verdade; outra, bem diferente, é vivê-la.[14]

Lisa relata que, em outros momentos de sua vida, ela colocou a culpa em outras coisas, como por exemplo, na TPM. É claro que não é fácil administrarmos uma montanha-russa hormonal e emocional todo mês. Muitas vezes, porém, é mais fácil tirar a responsabilidade de nossos ombros e simplesmente dizer que a culpa é "dos hormônios" ou "da TPM". Lisa também conta que tentou justificar suas atitudes através do conceito de maldição hereditária,[15] ou seja, da ideia de que alguns comportamentos vêm de família e podem ser passados de geração em geração. Contudo, uma vez que entregamos

[13] Ibid.
[14] Ibid., p. 126.
[15] Ibid., p. 108.

nossa vida a Cristo, qualquer ciclo destrutivo pode e deve ser quebrado. As justificativas que usamos para minimizar nossos atos são muitas, mas elas não têm o poder de nos transformar, apenas de nos manterem cativas.

Lisa — apesar do seu temperamento nada manso — é uma mulher de Deus e iniciou seu processo de transformação através do perdão, da confissão e do treino diário. Claro que, sozinha, ela não conseguiria ir muito longe nesse processo; mas, como a mansidão é fruto do Espírito, ele mesmo se encarrega de ser nosso auxílio, uma vez que inclinamos nosso coração a ele.

Hoje, com base nas lições que aprendeu durante seu processo de libertação e amadurecimento, Lisa ensina outras mulheres a serem mansas como Jesus. Ela — uma mulher de Deus, crente, inspiradora, conhecida mundialmente e admirada por tantos — precisou reconhecer suas fraquezas e lutar ativamente contra seus impulsos. Lisa certamente não é uma mulher perfeita, assim como você e eu jamais seremos perfeitos; mas seu exemplo nos mostra que podemos vencer nossos instintos mais brutais. Seja qual for seu temperamento, independentemente das circunstâncias que nos cercam ou do quanto as pessoas ao nosso redor nos chateiam, nós podemos e devemos buscar essa transformação. Por nossa própria natureza, nunca seremos mansas e tenderemos ao conflito desordenado; porém, com a ajuda do Espírito Santo, nosso auxiliador, podemos nos tornar mulheres mais parecidas e alinhadas com o coração manso e humilde de Jesus.

– 4 –

BEM-AVENTURADAS AS QUE TÊM FOME E SEDE DE JUSTIÇA

Bem-aventurados os que têm fome e sede de justiça, porque serão fartos.

Mateus 5.6 (ARA)

Meu marido e eu somos amantes da boa comida. Em uma noite de sábado, depois de um dia desgastante e agitado devido à mudança de apartamento, estávamos com muita fome e desejando comer a combinação perfeita: hambúrguer com batata frita. Para saciar a fome (e o desejo), fomos para nossa hamburgueria favorita e pedimos nossos lanches. Os minutos que passamos aguardando os hambúrgueres ficarem prontos foram cruéis, e o cheiro saindo da cozinha da lanchonete piorava tanto a situação que a boca logo se encheu de um mar de saliva. Quando finalmente o pedido chegou e demos a primeira mordida, sentimos um prazer surreal e uma satisfação imensa. Naquele momento, éramos as pessoas mais felizes do mundo, comendo o hambúrguer mais gostoso já feito!

Você tem de concordar comigo que uma das melhores sensações que experimentamos na vida é a de saciar a fome com uma comida bem gostosa, principalmente quando ela já é nosso objeto de desejo por dias. Jesus sabia que seus ouvintes entenderiam essa sensação e por isso a utilizou como ilustração para explicar a quarta bem-aventurança.

Como seres mortais que precisam dos nutrientes que o alimento nos proporciona para a sobrevivência, sentimos fome porque ela regula a necessidade de comida, e temos o apetite, que move nossos desejos alimentares. Nas bem-aventuranças, porém, Jesus não estava falando da fome carnal, mas sim espiritual. As palavras gregas que ele utilizou foram *peinao*, que significa "sofrer de fome profunda", e *dipsao*, que traz consigo a ideia de "sede de verdade". Jesus não estava falando de uma fome pequena e discreta, mas sim de pessoas famintas e desesperadas. Jesus também não estava falando de uma fome e sede de qualquer outra coisa, mas especificou exatamente qual deve ser o objeto desse desejo profundo e insaciável: a justiça.

Ter uma fome profunda e uma sede verdadeira de justiça deve ser uma das características inerentes ao povo de Deus. Timothy Keller nos diz que a verdadeira experiência da graça de Jesus Cristo inevitavelmente motiva homens e mulheres a buscarem justiça no mundo.[1] Apenas os que estão vivos espiritualmente, ou seja, os que têm sua fé firmada em Jesus, podem sentir esse tipo de fome. Além disso, ter fome é sinônimo de saúde, o que significa que o organismo está funcionando normalmente e pedindo alimento. Quando adoecemos, uma das primeiras coisas que desaparecem é o apetite, o famoso fastio. Um crente que não anseia desesperadamente por justiça está com a fé adoecida e precisa de tratamento.

[1]Timothy Keller, *Justiça generosa: A graça de Deus e a justiça social* (São Paulo: Vida Nova, 2013), p. 11.

Mas o que é justiça, afinal?

Para termos uma ampla compreensão acerca da quarta bem-aventurança ensinada por Jesus, precisamos antes entender o que é a justiça. Russell Shedd explica brilhantemente que existem dois tipos de justiça nas páginas da Bíblia: a imputada e a implantada.[2] A justiça imputada é aquela não merecida por nós, mas dada graciosamente por Deus, uma vez que crermos em seu Filho. Nenhum ser humano é digno de recebê-la por seus próprios méritos, pois todos pecaram e estão destituídos da glória de Deus (Rm 3.23). A justiça imputada só existe porque o Criador resolveu intervir na história e redimir os pecadores, tornando justos aqueles que antes estavam perdidos. O apóstolo Paulo nos lembra em Romanos 5.19: "Por causa da desobediência a Deus de uma só pessoa, muitos se tornaram pecadores. Mas, por causa da obediência de uma só pessoa a Deus, muitos serão declarados justos". Portanto, a justiça imputada é aquela revelada no evangelho, que surge mediante a fé e traz salvação a todo aquele que crê.

Já a justiça implantada decorre da presença da justiça imputada. Aquela pessoa que foi alvo da justiça imputada consequentemente passa a ter fome e sede da justiça implantada, ou seja, fome de evidências concretas do agir santo de Deus em nossa vida. Ela não é apenas mais um item a ser acrescentado ao nosso currículo de comportamento religioso, mas é um sinal concreto de que o coração dos adoradores está alinhado com Deus.[3] A justiça implantada se manifesta através da constante busca pela santificação, e nunca se conforma com comportamentos pecaminosos

[2] Russell Shedd, *A felicidade segundo Jesus* (São Paulo: Vida Nova, 1998), p. 62.

[3] Keller, *Justiça generosa*, p. 66-7.

ou hábitos que desagradem a Deus. Pode ser identificada pelo fato de jamais se dar por satisfeita ou saciada, mas de sempre querer mais da presença de Deus, sempre querer conhecer mais a Palavra, orar com mais frequência e obedecer com mais determinação e compromisso. O salmista manifesta a fome e sede que a justiça implantada provoca:

> Como a corça anseia pelas correntes de água,
> assim minha alma anseia por ti, ó Deus.
> Tenho sede de Deus, do Deus vivo;
> quando poderei estar na presença dele?
>
> Salmos 42.1-2

A esses dois tipos de justiça Hernandes Dias Lopes ainda acrescenta mais uma: a justiça promovida, ou seja, aquela que se manifesta na sociedade e que deve ser motivada pelos cristãos, em vários âmbitos.[4] Também chamada justiça social, ela é incentivada por diversas vezes na Bíblia. Isaías 1.17 nos orienta a acabar com a opressão, a lutar pelos direitos do órfão e a defender a causa da viúva. Em Jeremias 22.3, Deus ordena que livremos o explorado de seu opressor, que o estrangeiro não seja maltratado, que o órfão e a viúva sejam protegidos e que sangue inocente não seja derramado. Deuteronômio 27.19 diz que maldito é aquele que perverter o direito do estrangeiro, do órfão e da viúva. Timothy Keller exemplifica perfeitamente como alcançamos a justiça promovida:

> Fazemos justiça quando tratamos todos os seres humanos como criaturas de Deus. Fazer justiça não inclui apenas o conserto do

[4] Hernandes Dias Lopes, *A felicidade ao seu alcance: Uma exposição das bem-aventuranças* (São Paulo: Hagnos, 2008), p. 65.

> que está errado, mas também generosidade e interesse social, especialmente em relação aos pobres e vulneráveis. Esse tipo de vida reflete o caráter de Deus. Ela abrange uma faixa larga de atividades, desde simples negociações justas e honestas no dia a dia até a entrega de ofertas regulares e radicalmente generosas de tempo e recursos, além do ativismo que busque aniquilar formas específicas de injustiça, violência e opressão.[5]

O ideal da mulher virtuosa, descrito em Provérbios 31, mostra o exemplo de uma mulher que foi alvo da justiça imputada, através do temor ao Senhor (Pv 31.30), busca todos os dias viver a justiça implantada sendo santa e honrada (31.25) e, ainda por cima, pratica a justiça promovida ao acolher os necessitados e estender as mãos aos pobres (31.20). Ela nos mostra que não podemos escolher praticar ou não a justiça, ou até mesmo decidir qual delas vamos aplicar em nossa vida. Uma cristã autêntica e, consequentemente, uma mulher virtuosa, carrega consigo os três tipos de justiça e é conhecida por ser justa e reta. Não é uma opção; é uma obrigação.

Justiça: um atributo comunicável

Nosso Deus possui algumas características específicas que são estudadas pela teologia a partir dos textos bíblicos. Elas são chamadas de atributos e são divididas em dois grupos: os incomunicáveis e os comunicáveis. Os atributos incomunicáveis são aquelas qualidades exclusivas do Senhor, ou seja, que apenas ele possui, como a onipotência, a onisciência e a onipresença, a imutabilidade e a eternidade. Nenhum outro ser pode

[5] Keller, *Justiça generosa*, p. 36.

todas as coisas, sabe todas as coisas, está em todos os lugares, nunca muda e vive eternamente. Os atributos incomunicáveis tornam Deus alguém que é único, soberano e incomparável. Já os atributos comunicáveis são aqueles compartilhados com a humanidade, uma vez que carregamos a imagem e semelhança de Deus em nós. Ao nos criar, o Senhor decidiu dividir conosco algumas de suas características, como amor, misericórdia, bondade, sabedoria e justiça. Isso significa que, quando manifestamos através de nossas ações algum desses traços, estamos refletindo o caráter de Deus e demonstrando que somos, de fato, sua criação.

Entre os atributos comunicáveis de Deus está a justiça e, na Bíblia, muitos são os versículos que demonstram que ele é justo (Dt 32.4; Jó 37.23; Sl 11.7; 33.5; 36.6; 71.19; 119.142; Pv 29.26; Is 61.8 etc.). Sua justiça não é transitória e não muda de acordo com as circunstâncias, pois é algo inerente à sua natureza. Além disso, também observamos que o Senhor é justo pelo modo como ele se relaciona com a humanidade, demonstrando sua retidão em cada palavra, em cada ação que executa e em cada lei que estabelece. Ele não erra e não comete injustiças.

No momento em que disse: "Façamos o ser humano à nossa imagem; ele será semelhante a nós" (Gn 1.26), Deus compartilhou seus atributos comunicáveis conosco. Sendo assim, cada pessoa, ainda que não conheça e não sirva ao Senhor, possui um senso de justiça inerente. Todas nós, desde a infância, já demonstramos isso em diversas situações. Quando duas coleguinhas de classe brigam por um motivo banal e apenas uma delas é responsabilizada e punida pela professora, a primeira coisa que essa criança diz é: "Isso não é justo!". Quando os pais vão dividir doces entre os irmãos e, sem querer, acabam dando um pouco mais para um deles, os que se sentem injustiçados logo se manifestam, alegando que houve erro na divisão. Ou até mesmo quando várias amigas combinam de ir juntas ao shopping, mas uma delas não recebe autorização dos pais para sair, ela acha essa proibição a pior das injustiças.

Quando estamos distantes do Senhor, porém, esse senso de justiça acaba deturpado, uma vez que nossa referência passa a ser as coisas criadas, e não o Criador. Muitas pessoas acreditam, por exemplo, que um governante será capaz de trazer justiça a um país. Alguns colocam suas expectativas em um sistema judiciário que é falho e corrupto. Outros acreditam em ideologias e seguem movimentos sociais que prometem livrá-los de qualquer fonte de opressão. Mas, conforme vimos em Provérbios 29.26, é do Senhor que procede a justiça, e qualquer tentativa humana de estabelecer um padrão de retidão será, inevitavelmente, frustrada.

Um exemplo que podemos destacar nesse aspecto é o movimento feminista. De fato, as mulheres são alvo da dominação masculina desde a Queda: "Seu desejo será para seu marido, e ele a dominará" (Gn 3.16). O domínio do homem sobre a mulher é consequência do pecado. Uma relação que antes era marcada por harmonia e mutualidade passou a ser regida pelo desejo de controle masculino. Ao longo dos séculos, vemos essa dominação se manifestando das mais variadas formas, seja através de discriminação, objetificação e diversos tipos de violência cometidos contra a mulher, hoje definidos até mesmo por lei em muitos países, como o Brasil. Diante desse cenário caótico, várias gerações de mulheres se uniram em torno do feminismo, clamando por justiça e buscando, de alguma maneira, proporcionar dignidade e proteção às mulheres — um anseio legítimo por justiça. Porém, como nos lembra Carolyn McCulley:

> Acontece que o feminismo está parcialmente certo. Os homens pecam. Eles podem diminuir as realizações das mulheres e limitar a liberdade delas por razões egoístas. Alguns homens abusam sexualmente de mulheres. Alguns homens abusam de suas esposas e filhos. Muitos homens degradam as mulheres através da pornografia. O feminismo não surgiu por causa de ofensas fabricadas.[6]

Ao desejarem uma sociedade mais justa e igualitária, as feministas demonstram que carregam em si a imagem e semelhança de Deus, ainda que não se deem conta disso. O atributo comunicável do Senhor habita em cada ser humano, e o senso de justiça se manifesta quando há um clamor por direitos iguais. Contudo, por melhores que sejam suas intenções, as feministas acabam deturpando essa característica positiva quando depositam suas esperanças em ideias humanas, e não na retidão dos céus. Ao seguir ideais terrenos em busca de uma justiça que tem origem nos céus, elas acabam pecando em sua resposta aos pecados cometidos contra as mulheres, defendendo causas muitas vezes absurdas, posicionando-se de maneira oposta ao que a Palavra orienta e revelando um problema humano clássico: a natureza humana caída e manchada pelo pecado.

Bell Hooks, famosa teórica feminista, afirma que precisou do feminismo para ter uma base de igualdade e justiça sobre a qual pudesse se erguer. Ao falar sobre seu anseio por um mundo mais justo, ela descreve uma realidade desejável:

[6] Carolyn McCulley, *Feminilidade radical: Fé feminina em um mundo feminista* (São José dos Campos: Fiel, 2017), p. 37.

> Imagine viver em um mundo onde não há dominação, em que as mulheres e homens não são parecidos nem mesmo sempre iguais, mas em que a noção de mutualidade é o *ethos* que determina nossa interação. Imagine viver em um mundo onde todos nós podemos ser quem somos, um mundo de paz e possibilidades. Uma revolução feminista sozinha não criará esse mundo; precisamos acabar com o racismo, o elitismo, o imperialismo. Mas ela tornará possível que sejamos pessoas — homens e mulheres — autorrealizadas, capazes de criar uma comunidade amorosa, de viver juntas, realizando nossos sonhos de liberdade e justiça, vivendo a verdade de que somos todas e todos "iguais na criação".[7]

Bell Hooks, assim como cada mulher deste mundo, nasceu para viver essa realidade perfeita no Éden. Todas nós sofremos neste mundo e desejamos ardentemente uma realidade melhor, porque fomos criadas para habitar na plenitude com o Senhor. Entretanto, acreditar que um movimento social seja capaz de trazer de volta esse estado de paz e de justiça plenas é algo utópico. Apenas Deus pode restituir o que um dia foi perdido no Éden; somente através da sua obra salvífica podemos, pela fé, nos imaginar um dia vivendo o *shalom* divino, quando Jesus restaurar todas as coisas. De fato, uma revolução feminista não é capaz de criar ou de recriar este mundo; apenas o Senhor, que um dia já criou um jardim de paz, pode restaurar o que foi perdido na Queda. O teólogo N. T. Wright explica:

> Este ponto é fundamental: embora nós, seres humanos, tenhamos dentro de nós um eco forte desse desejo por justiça, é no próprio Deus que esse anseio é completo e aperfeiçoado. Parte da

[7] Bell Hooks, *O feminismo é para todo mundo: Políticas arrebatadoras* (Rio de Janeiro: Rosa dos Tempos, 2020), p. 15.

esperança oferecida pela fé cristã é o conhecimento de que Deus não permitirá que a injustiça prevaleça. Esse é um elemento central nas boas novas do evangelho.[8]

Uma vez que conhecemos o Deus justo e o colocamos como referência para nossa vida, nosso senso limitado de justiça se alinha com a justiça divina e, assim, conseguimos atuar na sociedade, sem necessitar de complementos. Podemos e devemos praticar a justiça promovida por meio dos princípios divinos, cujo alvo é o bem maior, pois livram as mulheres de injustiças terrenas e apontam para nosso Senhor, o único que pode justificá-las integralmente. N. T. Wright diz que somos enviados como "portadores da justiça ao mundo para confrontar os poderes que o moldaram com a notícia de que há uma justiça diferente e que ela já venceu".[9] É nosso papel, como cristãs, proclamar o perdão dos pecados e a salvação por meio de Jesus, porém sem nos esquecer de combater as consequências do pecado que oprimem as portadoras da imagem divina.

Como é a mulher bem-aventurada que tem fome e sede de justiça?

A mulher bem-aventurada que tem fome e sede de justiça tem prazer em pregar o evangelho e sente um desejo ardente de levar salvação para as pessoas. Ela entende que não há nem um justo sequer (Rm 3.10), mas que todos precisam ser justificados através da redenção que há em Jesus. Ela sabe que lhe cabe,

[8] N. T. Wright, *Indicadores fragmentados: Como o cristianismo compreende o mundo* (Rio de Janeiro: Thomas Nelson Brasil, 2020), p. 31.
[9] Ibid, p. 41.

como cristã, a responsabilidade de pregar o evangelho a toda a criatura e cumprir a Grande Comissão ordenada por Jesus (Mt 28), fazendo discípulos e levando todos a Cristo.

A mulher bem-aventurada que tem fome e sede de justiça busca se santificar constantemente. Ela é honesta, transparente e íntegra em todos os seus relacionamentos. Por isso, ela é conhecida por ser confiável e honrada, assim como a mulher virtuosa de Provérbios 31.11. Odeia a corrupção em qualquer nível, seja do simples gesto de furar uma fila no banco, seja do descaramento de políticos que roubam milhões do povo. Ela não mente nem engana, e jamais compactua com fraudes. Se tem conhecimento de alguma corrupção no trabalho, fica atenta para não se envolver e permanecer íntegra. Ela não aceita dinheiro sujo, mesmo que esteja precisando financeiramente. Entende que precisa glorificar a Deus através de suas ações e, portanto, busca sempre andar em retidão.

A mulher bem-aventurada que tem fome e sede de justiça não é omissa. Quando presencia uma situação injusta, ela não se cala e defende a verdade com entusiasmo. Entende que "quem sabe que deve fazer o bem e não o faz comete pecado" (Tg 4.17, NVI); por isso, é sempre proativa no zelo pela dignidade de todos a sua volta. Ela não ajuda a encobrir crimes, mesmo que sejam cometidos por irmãos em Cristo. Se um homem agride a esposa, ela sabe a importância de denunciar e de punir o agressor, independentemente do cargo que este ocupe na igreja. Quando vê uma criança com fome na rua, ela se compadece e a ajuda, suprindo suas necessidades físicas. Ela luta todos os dias por uma sociedade livre da opressão e vulnerabilidade dos mais fracos. Sabe que a fé sem obras é morta (Tg 2.17), de modo que age propagando a justiça por onde quer que passe.

A mulher bem-aventurada que tem fome e sede de justiça não é materialista nem apegada às coisas deste mundo, mas tem um desejo profundo pelo que é eterno. Ela sabe que não encontrará satisfação nos bens materiais, que o dinheiro não poderá completá-la e que todas as coisas deste mundo são passageiras. Compreende que sua satisfação está em ajuntar "tesouros no céu, onde traças e ferrugem não os destroem, e onde ladrões não arrombam nem furtam" (Mt 6.20).

Exemplos de mulheres bem-aventuradas que têm fome e sede de justiça

Na Bíblia, encontramos muitas mulheres justas. Mas vamos destacar aqui a história de cinco irmãs que tiveram um posicionamento justo diante da lei de Deus e da lei dos homens. Números 26.33 nos apresenta as cinco filhas de Zelofeade, homem da tribo de Manassés, mas que não tinha nenhum filho homem. Naquela época, as filhas não tinham direito à herança do pai. Assim, com a morte dele, elas ficavam desprotegidas legalmente e, na ausência de filhos homens, qualquer terra que o pai tivesse era passada para os irmãos ou tios do falecido, ou seja, para os homens mais próximos de acordo com a linhagem.

O relato bíblico nos mostra que Zelofeade morrera e, em decorrência disso, Maala, Noa, Hogla, Milca e Tirza ficariam sem posses, segundo a lei vigente. Elas viveriam na dependência da generosidade e do acolhimento de outras pessoas. Pelo fato de não ter tido nenhum filho, elas também perceberam que o nome de seu pai iria desaparecer da genealogia da família, sendo simplesmente esquecido e apagado da história. Diante dessa realidade difícil e injusta, elas não se omitiram e se posicionaram diante de Moisés, do sacerdote Eleazar e dos líderes de toda a comunidade, dizendo:

> Nosso pai morreu no deserto. Não era um dos seguidores de Corá, que se rebelaram contra o SENHOR, mas morreu por causa do seu próprio pecado e não teve filhos. Por que o nome de nosso pai deveria desaparecer de seu clã só porque ele não teve filhos? Dê-nos uma propriedade entre o restante de nossos parentes.
>
> Números 27.3-4

Aquelas cinco mulheres, filhas de um homem pecador, foram corajosas ao se colocarem diante de todos aqueles homens que lideravam o povo. Elas não tinham status social, não vinham de uma família importante, estavam contestando as regras estabelecidas e, ainda por cima, eram mulheres que viviam em uma sociedade patriarcal. Porém, a fome e a sede de justiça que elas sentiam era tão intensa que não conseguiram ficar caladas.

A propósito, no hebraico, seus nomes tinham significados profundos e alinhados com a postura que adotaram nessa situação. Maala significa "doença ou enfermidade"; no contexto da época, porém, era um nome associado a coragem, superação e força diante das dificuldades. Noa significa "movimento", ação ou determinação em busca dos seus objetivos. Hogla significa "perdiz", ave conhecida por sua capacidade de sobreviver em ambientes difíceis e que simboliza a resistência. Milca era sinônimo de nobreza e autoridade, e evoca uma ideia de liderança. Já Tirza significa "prazer" e evoca as ideias de beleza e alegria. Juntando-se para enfrentar aquela injustiça, elas precisaram de coragem, determinação, resistência, autoridade e deleite em fazer a coisa certa.

Diante do clamor daquelas irmãs, Moisés consultou o Senhor para apresentar a causa delas e ouvir o seu decreto. Se elas tivessem ido a Moisés na dependência de homens, era provável que o pedido das cinco mulheres não fosse atendido, tendo em vista que estavam pleiteando algo que era contrário às normas que aqueles líderes eram responsáveis por zelar. Mas a resposta de Deus foi surpreendente e, sem dúvidas, deixou todos boquiabertos:

> A reivindicação das filhas de Zelofeade é justa. Dê a elas uma porção de terra entre os parentes de seu pai, a herança que teria sido entregue a seu pai. Dê as seguintes instruções ao povo de Israel. Se um homem morrer e não deixar filhos, passem a herança às filhas. Se ele também não tiver filhas, transfiram a herança aos irmãos dele. Se ele não tiver irmãos, deem a herança aos irmãos do pai dele. Se seu pai não tiver irmãos, deem a herança ao parente mais próximo de seu clã. Essa é uma prescrição definitiva para os israelitas, conforme o SENHOR ordenou a Moisés.
>
> Números 27.7-11

As cinco irmãs foram consideradas justas diante do Senhor. Mesmo que estivessem reivindicando algo contrário às leis vigentes, Deus mostrou aos líderes que elas estavam certas, que as regras precisavam ser mudadas e seu pedido, atendido. A fome e a sede de justiça de Maala, Noa, Hogla, Milca e Tirza foi motivada não apenas por benefício próprio, mas também para zelar pelo nome do seu pai e para garantir que outras mulheres também tivessem seus direitos assegurados, livrando-as da vulnerabilidade social.

Mais adiante, vemos novamente a justiça das cinco irmãs sendo testificada diante do povo. Em Números 27, lemos que o Senhor modificou a lei e garantiu que as filhas de todas as tribos de Israel pudessem ter direito à herança. No entanto, os líderes da tribo de Manassés, da qual Zelofeade fazia parte, apresentaram uma condição para as irmãs:

> O SENHOR o instruiu a repartir a terra por sorteio entre os israelitas. O SENHOR também o instruiu a entregar a herança que pertencia a nosso irmão Zelofeade às filhas dele. Mas, se elas se casarem com homens de outra tribo de Israel, levarão consigo suas propriedades para a tribo dos homens com quem se casarem. Com isso, a área total do território de nossa tribo será reduzida. Quando chegar o Ano do Jubileu, a porção de terra que elas receberam será anexada à porção dessa nova tribo, e essa propriedade será tirada da tribo de nossos antepassados para sempre.
>
> Números 36.2-4

De acordo com o regulamento, se uma mulher que possuísse terras se casasse com um homem de outra tribo, a propriedade dela seria transferida para a tribo do marido. Os líderes levantaram essa questão, pois não queriam que sua tribo tivesse seu território reduzido. Então, foi estabelecida uma nova regra para as cinco irmãs: elas poderiam se casar com quem quisessem, desde que fosse alguém da tribo do pai delas. As filhas, como fora decidido pelo próprio Deus, teriam direito à herança; porém, a partir daquele momento, só poderiam se casar com um homem de Israel e da tribo de seu pai. Diante desse novo direcionamento, as cinco irmãs continuaram sendo justas e obedeceram à nova regra, ajudando a manter as terras na família de seu pai:

> As filhas de Zelofeade fizeram conforme o SENHOR ordenou a Moisés. Maala, Tirza, Hogla, Milca e Noa se casaram com

primos da família de seu pai, membros dos clãs de Manassés, filho de José. Assim, sua herança permaneceu no clã e na tribo de seus antepassados

Números 36.10-12

As filhas de Zelofeade são um exemplo bíblico perfeito acerca da justiça que as filhas de Deus devem praticar. Mas, ao longo da história, também podemos encontrar relatos inspiradores que podem nos ajudar a buscar a sede e a fome de justiça, conforme Jesus nos orienta. Uma dessas histórias é a de Isabella, uma mulher negra, nascida em 1797, em Nova York, cujo sobrenome não era definitivo — ele mudava de acordo com o proprietário de Isabella. Ela já nasceu em situação de escravidão e passou muitos anos de sua vida sofrendo, por ver seus parentes, entre eles os próprios filhos, sendo vendidos e torturados constantemente. Enquanto estava com seus filhos, ela permaneceu justa, apesar das circunstâncias adversas, e os ensinou desde cedo a não roubar. Em sua biografia, escrita por sua vizinha, pois Isabella era analfabeta, ela conta: "Só Deus sabe quantas vezes eu deixei meus filhos sem comer, em vez de pegar um pedaço de pão escondido".[10]

Seu último dono prometeu que, caso ela se comportasse e permanecesse fiel, no dia 4 de julho de 1827 ela receberia os documentos que lhe concederiam a liberdade. Na data prevista, ele descumpriu a promessa, alegando que um problema que Isabella desenvolveu na mão o fez perder dinheiro. Ela permaneceu servindo esse homem até o fim do outono, até que pediu ajuda a Deus e decidiu fugir. Já em liberdade, ela

[10] Olive Gilbert, *A história de Sojourner Truth: A escrava do Norte* (Jandira: Principis, 2021), p. 33.

foi em busca de recuperar o seu filho de cinco anos, que havia sido vendido ilegalmente por seu antigo dono para alguém do estado do Alabama. Isabella, mesmo sem ter dinheiro nem conhecimento sobre seus direitos, entrou com um processo judicial pela guarda do menino e, surpreendendo a todos, foi a primeira mulher negra nos Estados Unidos a derrotar judicialmente um homem branco e senhor de escravos. Apesar da vitória histórica, seu desejo por justiça só estava começando.

Desde a infância, Isabella foi orientada por sua mãe, também escrava, a se apegar a Deus como fonte de consolo e força. Ela lhe dizia: "Quando você é espancada, ou cruelmente maltratada, ou tem algum problema, você precisa pedir ajuda a Ele, e Ele irá sempre escutá-la e ajudá-la".[11] Mesmo após sua libertação, ela foi desenvolvendo sua espiritualidade com mais profundidade, frequentando várias igrejas, onde começou a atuar, principalmente, como pregadora do evangelho. Além disso, ela também usou sua voz para falar em favor das mulheres, se posicionar contra a escravidão e a discriminação contra as pessoas negras — uma pregação que andava de mãos dadas com seu clamor por justiça e igualdade.

Em 1843, ela escolheu para si o nome de Sojourner Truth, que significa "Peregrina da Verdade", simbolizando seu chamado para, literalmente, peregrinar falando do amor e da justiça de Deus, incentivando as pessoas a abraçarem Jesus. Ela tinha sede de pregar o evangelho e prazer em ver pessoas se entregando a Cristo, e fez disso um lindo propósito de vida. Ao longo dos anos, Sojourner Truth se tornou conhecida por ser uma grande oradora que arrebatava multidões.

[11] Ibid., p. 10.

Em 1851, ela participou da Convenção dos Direitos da Mulher, que ocorreu em Ohio. Na ocasião, pediu a palavra para contestar a fala de alguns religiosos que defendiam a inferioridade da mulher, e proferiu, de improviso, um dos discursos mais famosos da história, levantando questões raciais, sociais e de gênero:

> Aqueles homens ali dizem que as mulheres precisam de ajuda para subir em carruagens, e devem ser carregadas para atravessar valas, e que merecem o melhor lugar onde quer que estejam. Ninguém jamais me ajudou a subir em carruagens, ou a saltar sobre poças de lama, e nunca me ofereceram melhor lugar algum! E não sou uma mulher? Olhem para mim? Olhem para meus braços! Eu arei e plantei, e juntei a colheita nos celeiros, e homem algum poderia estar à minha frente. E não sou uma mulher? Eu poderia trabalhar tanto e comer tanto quanto qualquer homem — desde que eu tivesse oportunidade para isso — e suportar o açoite também! E não sou uma mulher? Eu pari treze filhos e vi a maioria deles ser vendida para a escravidão, e quando eu clamei com a minha dor de mãe, ninguém a não ser Jesus me ouviu! E não sou uma mulher?
>
> Daí eles falam dessa coisa na cabeça; como eles chamam isso… (alguém da audiência sussurra "intelecto"). É isso, querido. O que é que isso tem a ver com os direitos das mulheres e dos negros? Se o meu copo não tem mais que um quarto, e o seu está cheio, porque você me impediria de completar a minha medida?
>
> Daí aquele homenzinho de preto ali disse que a mulher não pode ter os mesmos direitos que o homem porque Cristo não era mulher! De onde o seu Cristo veio? De onde o seu Cristo veio? De Deus e de uma mulher! O homem não teve nada a ver com isso.
>
> Se a primeira mulher que Deus fez foi forte o bastante para virar o mundo de cabeça para baixo por sua própria conta, todas estas mulheres juntas aqui devem ser capazes de consertá-lo,

colocando-o do jeito certo novamente. E agora que elas estão exigindo fazer isso, é melhor que os homens as deixem fazer o que elas querem.[12]

Da mesma forma que as filhas de Zelofeade foram corajosas quando se posicionaram em frente a tantos homens que detinham o poder, Sojourner também foi ousada ao apontar os absurdos que estavam sendo ditos naquela ocasião. Suas palavras sinceras inspiraram pessoas ao redor do mundo que foram impulsionadas a lutar pelos direitos das mulheres e pelo combate ao racismo. Sua fé no Deus justo a levou a clamar por justiça e a apontar os erros de uma sociedade doente. Sua sensibilidade e sua empatia fizeram essa peregrina deixar uma marca na história e se tornar uma referência para todas nós.

Da mesma forma que Maala, Noa, Hogla, Milca, Tirza e Sojourner, nós também podemos e devemos fazer a diferença todos os dias, seja em casa, no trabalho, na igreja, na universidade e em todos os lugares por onde passarmos. Que as histórias delas, marcadas por força e ousadia, por fome e sede de justiça, possam nos inspirar a fazer o mesmo. Deus pode e quer nos usar para tornar o mundo um lugar mais justo.

[12] Sojourner Truth, "E não sou uma mulher", Portal Geledés, <https://www.geledes.org.br/e-nao-sou-uma-mulher-sojourner-truth/>.

– 5 –

BEM-AVENTURADAS AS MISERICORDIOSAS

Bem-aventurados os misericordiosos,
porque alcançarão misericórdia.

Mateus 5.7 (ARA)

Desde criança sempre fui muito conectada à música. Provavelmente porque corre em minhas veias a inspiração do meu avô, que era músico e trompetista, além das lembranças do meu pai, que sempre foi apaixonado por instrumentos musicais e, até hoje, passa boa parte do tempo tocando seu violão e louvando ao Senhor. Sendo assim, minha vida tem uma trilha sonora particular, com canções que marcaram vários momentos.

Durante uma fase difícil da minha juventude, em que estava triste por alguns motivos pessoais, uma música me confortava de maneira única. Ela não foi composta nem era interpretada por um cristão, e nem sequer tem um significado original voltado para a espiritualidade. Mas a grande beleza da graça comum é ver Deus até mesmo em obras criadas por descrentes. Sem dúvida, eu sentia Jesus falando comigo em cada verso da letra que compartilho abaixo:

Quando acorda olha para o lado
Se veste bonita pra ninguém
Chora escondida no banheiro
Pras amigas finge que está bem

Mas eu vejo
Eu vejo

Acha que precisa ser durona
Não dá espaço para a dor passar
Tem um grito preso na garganta
Que não está deixando ela falar
Mas eu ouço
Eu ouço

Quase como que anestesiada
Vai deixando a vida carregar
Ela sentiu mais do que aguentava
Não quer sentir nada nunca mais
Mas eu sinto
Eu sinto

Qualquer um que encontra ela na rua
Vê que alguma coisa se apagou
Ela está ficando diferente
Acho que ninguém a avisou
E eu digo
Eu digo[1]

A canção se chama "Ela" e é interpretada por Tim Bernardes. Sua letra descreve uma mulher que está sentindo uma dor profunda, mas que, por algum motivo, esconde esse sentimento e passa por essa tempestade aparentemente sozinha. Porém, em meio às tentativas de camuflar a aflição, alguém a vê, a ouve, sente sua angústia e diz o que ela precisa ouvir. Na minha vida, esse alguém é Deus. Até hoje, quando ouço

[1] Tim Bernardes, "Ela", *Recomeçar* (2017).

essa música, sinto Deus me dizendo: "Minha filha, eu a vejo, a ouço, sinto sua dor e digo palavras de paz e consolo para você".

Quatro verbos são cruciais na canção que compartilhei: ver, ouvir, sentir e dizer (ou agir). Na língua portuguesa, os verbos geralmente indicam uma ação; para mim, esses quatro verbos, quando postos em prática, expressam as marcas de uma pessoa misericordiosa. A misericórdia torna a pessoa sensível à necessidade dos outros, seja essa necessidade de ordem emocional, física ou espiritual. Nosso Deus é assim. Ele é tão misericordioso que entregou seu próprio Filho para nos salvar e nos livrar de todas as consequências do pecado (emocionais, físicas ou espirituais).

A Bíblia nos ensina, em diversos versículos, que Deus é rico em misericórdia (Ef 2.4). Ele é um pai amoroso que nos *vê*, mesmo quando choramos às escondidas (Sl 56.8); que nos *escuta* e intercede por nós com gemidos inexprimíveis, mesmo quando não sabemos o que orar (Rm 8.26-27); que *sente* conosco, mesmo quando não sabemos explicar nossos sentimentos (Sl 34.19-20); e que continua *falando* ao nosso coração, mesmo que o mundo se cale e vire as costas para nós (Jr 33.3).

A misericórdia, porém, não deve ser exclusiva de Deus; ela deve ser exercida também por seus seguidores. Jesus nos ensina, em Lucas 6.36, que devemos ser misericordiosos, assim como o Pai é misericordioso. A misericórdia, assim como a justiça, é um atributo comunicável que Deus compartilha conosco. Assim, uma vez que ele é Senhor da nossa vida, a misericórdia deve ser aprimorada e exercida por nós constantemente, pois é uma verdadeira marca da nossa fé. Nas palavras de Tim Keller:

> A misericórdia diante de todo tipo de necessidade humana é uma marca tão essencial do cristão que pode ser usada como teste

> da fé verdadeira. Não é opcional nem tampouco um acréscimo à vida cristã. Ao contrário, a vida dedicada às obras de misericórdia é uma marca que não pode faltar à fé verdadeira.[2]

As obras de misericórdia são uma prova de que a nossa fé é autêntica, e não fingida. Tiago 2.26 afirma que assim como o corpo sem espírito está morto, a fé sem obras está morta. Fé desacompanhada de atos de misericórdia é algo que não existe. Não mostramos que somos cristãs pelas palavras bonitas que saem dos nossos lábios, mas sim por nossos atos de misericórdia.

A palavra hebraica que Jesus utiliza nas bem-aventuranças para designar a misericórdia é *chesed*, que significa "a capacidade de entrar em outra pessoa até que praticamente podemos ver com os seus olhos, pensar com a sua mente e sentir com o seu coração".[3] É demonstrar uma empatia profunda e radical para com aqueles que sofrem.

O oposto de misericórdia é apatia, insensibilidade e indiferença, características que são totalmente incompatíveis com o cristianismo. Michael Goheen nos mostra isso, quando diz que o povo de Deus deve estar orientado para duas frentes, para Deus e para o mundo, mas jamais para si mesmo. Segundo o autor:

> O povo escolhido de Deus não existe para si mesmo. Antes, existe para a glória de Deus e sua missão, e em favor de outros a quem a missão de Deus é dirigida. Eles realmente são "escolhidos

[2]Timothy Keller, *Ministérios de misericórdia: O chamado para a estrada de Jericó* (São Paulo: Vida Nova, 2016), p. 41.
[3]William Barclay, *Mateo I* (Buenos Aires: Editorial La Aurora, 1973), p. 112.

por Deus" para desempenhar um papel prescrito na missão divina de restaurar a criação e glorificar a ele. Mas essa escolha é "em favor do mundo".[4]

Desde o Antigo Testamento, Deus admoestava seu povo, por meio dos profetas, apontando para a necessidade de serem misericordiosos. O profeta Miqueias compartilhou a exigência de Deus para seus seguidores: "Ó povo, o SENHOR já lhe declarou o que é bom e o que ele requer de você: que pratique a justiça, ame a misericórdia e ande humildemente com seu Deus" (Mq 6.8). Em Isaías 58.7, Deus diz claramente ao povo qual é o verdadeiro jejum que ele espera: "Repartam seu alimento com os famintos, ofereçam abrigo aos que não têm casa. Deem roupas aos que precisam, não se escondam dos que carecem de ajuda". Em Oseias 6.6, o Senhor fala sobre o arrependimento fingido do seu povo, e diz qual é a marca da real fidelidade: "Quero que demonstrem amor, e não que ofereçam sacrifícios. Quero que me conheçam, mais do que desejo holocaustos".

Mas para quem essa misericórdia deve ser direcionada, afinal? Cada pessoa criada à imagem e semelhança de Deus possui uma dignidade que lhe é intrínseca, e precisa ser zelada e protegida. Desse modo, nossa misericórdia deve ser estendida não apenas a quem sofre injustamente, mas também a todo aquele que necessitar, independentemente de seu merecimento ou dos erros que possa ter cometido. A motivação para essa atitude está na graça. Antes de sermos alvos da graça, éramos inimigas de Deus e, mesmo assim, fomos resgatadas e acolhidas.

[4] Michael Goheen, *A igreja missional na Bíblia: Luz para as nações* (São Paulo: Vida Nova, 2014), p. 44.

> O cristão que compreende a graça não desiste precipitadamente de um necessitado “indigno”. A misericórdia de Cristo não foi baseada em merecimentos; foi concedida para nos tornar dignos. Assim também, nosso gesto de misericórdia não pode ser estendido somente a quem satisfaz certo padrão de merecimento.[5]

Devemos ser igualmente misericordiosas com uma senhorinha inocente que não tem o que comer em casa e com um bandido que matou dez pessoas; precisamos ter empatia por uma viúva que só esteve com um homem na vida e também por uma prostituta que se relaciona sexualmente com vários em uma única noite; devemos nos compadecer de um pai de família que perdeu o emprego e está aflito e de um alcoólatra que perdeu seus bens em razão do vício. Não existe quem seja mais ou menos merecedor. Todos são alvos da misericórdia de Deus e devem ser alvos da nossa misericórdia também.

Além disso, quando Provérbios 31 nos expõe as características que descrevem a mulher virtuosa, entre elas insere a misericórdia, e vemos que essa mulher, mesmo com seus muitos afazeres, ainda se compadece dos necessitados e estende a mão aos pobres. Isso nos mostra que ter muitas responsabilidades não é desculpa para não ser misericordiosa. Alegar que trabalha demais ou que não tem tempo de ajudar o próximo é cometer o pecado da omissão, algo que não combina com a atitude de uma filha de Deus.

Assim, do mesmo modo que o Senhor tem misericórdia de nós, devemos ter misericórdia das pessoas. É nosso dever, enquanto filhas de Deus e seguidoras de Cristo, ver, ouvir, sentir e agir em prol daqueles que precisam.

[5] Ibid., p. 72.

Ser misericordiosa é ver as pessoas e suas necessidades

Há um ditado popular que diz: "O que os olhos não veem, o coração não sente". De fato, o que nossos olhos não conseguem captar dificilmente encontrará lugar em nossa mente e em nosso coração. Muitas vezes somos levadas por uma sociedade individualista e desenvolvemos uma percepção seletiva, escolhendo focar a atenção em coisas que nos agradam e ignorar o que possa nos tirar da zona de conforto ou nos causar incômodo.

Sejamos sinceras: diante de um mundo imerso no pecado, no qual as pessoas constantemente estão sofrendo as consequências da Queda, é mesmo possível não ter contato com o sofrimento alheio? Todos os dias e em todos os lugares, podemos encontrar pessoas angustiadas. Muitas vezes, porém, por causa de nossa percepção seletiva, simplesmente decidimos ignorar a existência delas e seguir normalmente com nossa rotina. Se tirarmos as lentes da indiferença e realmente começarmos a ver as pessoas, seremos capazes de perceber melhor quando uma amiga estiver cabisbaixa, quando uma irmã da igreja estiver passando por dificuldades financeiras, quando uma conhecida estiver enfrentando problemas no casamento, quando uma recém-casada estiver enfrentando problemas para engravidar ou quando uma adolescente estiver se sentindo excluída. Perceberemos aquela visitante que senta no último banco da igreja ou aquela amiga de trabalho que ainda não conhece Jesus, mas está sedenta por uma direção.

Timothy Keller fala da necessidade de desenvolvermos uma nova maneira de olhar o mundo, se quisermos ser ministros de misericórdia.[6] Isso significa que precisamos ter olhos

[6] Keller, *Ministérios de misericórdia*, p. 144.

sensíveis para realmente ver o sofrimento à nossa volta, e não apenas enxergá-lo superficialmente e continuarmos na inércia. Com os olhos devidamente treinados, seremos mais proativas em ajudar e mais rápidas em socorrer.

Ser misericordiosa é ouvir o clamor dos necessitados

Nosso Deus misericordioso é especialista em ouvir o clamor de seu povo. Sempre que, em meio à aflição e à dor, pedimos sua ajuda e oramos por socorro, ele nos escuta com atenção. Os Salmos, que são verdadeiras orações ao Senhor, nos mostram isso em diversos momentos:

> Em minha aflição, clamei ao Senhor;
> sim, pedi socorro a meu Deus.
> De seu santuário ele me ouviu;
> meu clamor chegou a seus ouvidos.
>
> Salmos 18.6

> Senhor, meu Deus, clamei a ti por socorro,
> e restauraste minha saúde.
>
> Salmos 30.2

> Então clamei pelo nome do Senhor:
> "Livra-me, Senhor!".
> O Senhor é compassivo e justo;
> o nosso Deus é misericordioso!
> O Senhor protege os ingênuos;
> eu estava diante da morte,
> e ele me salvou.
>
> Salmos 116.4-6

Deus mostra sua misericórdia, quando ouve as orações desesperadas e os pedidos de ajuda de seus filhos. Como devemos imitar o Senhor em exercitar a misericórdia, nossos ouvidos devem ser igualmente sensíveis aos clamores dos necessitados, escutando suas angústias com atenção. A sociedade individualista em que vivemos torna nossos ouvidos sensíveis apenas para as coisas que nos beneficiam de alguma forma, mas ignoramos os gritos de socorro. Muitas vezes o maior desejo de uma pessoa é simplesmente ser ouvida e ter alguém com quem desabafar, mas fomos condicionadas a achar que isso é desinteressante ou pura perda de tempo.

Em Provérbios 21.13, a Bíblia nos diz: "Quem fecha os ouvidos aos clamores dos pobres será ignorado quando passar necessidade". Da mesma forma que os misericordiosos alcançarão misericórdia, os que atentarem aos clamores dos necessitados serão ouvidos. A ideia não é fazer alguma coisa esperando algo em troca, mas sim ter consciência de que Deus honra os misericordiosos.

Ser misericordiosa é sentir a dor do outro

A misericórdia é naturalmente empática, pois nos torna capazes de sentir a dor do outro e dele nos compadecer. Em Romanos 12.15, o apóstolo Paulo orienta seus leitores a se alegrarem com os que se alegram, mas também a chorar com os que choram, ou seja, a praticar ativamente a empatia. No Evangelho de João podemos ver claramente que Jesus foi o maior exemplo de empatia que podemos seguir. O capítulo 11 conta sobre a morte e a ressurreição de Lázaro, irmão de Marta e Maria, e um amigo próximo de Jesus. Ao chegar ao local onde Lázaro havia sido sepultado e ver o desespero das duas irmãs, Jesus se comoveu profundamente:

> Quando Jesus viu que ela chorava, e que os judeus que a acompanhavam também choravam, agitou-se no espírito e se comoveu. E perguntou:
>
> — Onde vocês o puseram?
>
> Eles responderam:
>
> — Senhor, venha ver!
>
> Jesus chorou.
>
> João 11.33-35, NAA

Esse trecho das Escrituras mostra, na prática, tanto a humanidade de Jesus quanto sua misericórdia divina. Ao se deparar com aquela cena de sofrimento e de luto, ele "agitou-se no espírito e se comoveu" com a dor daquelas pessoas. A palavra grega utilizada no original para "agitou-se" significa sentir algo de forma intensa e profunda. Apesar de ser plenamente Deus, Jesus também era plenamente homem, e sentiu a dor da morte que todo ser humano sente. Por isso, ao agirmos com misericórdia, tornamo-nos capazes de chorar a dor do outro, ainda que ela seja completamente diferente da nossa. Jesus chorou ao ver o sofrimento que a morte provoca, ainda que ela não seja uma realidade para ele.

Ser misericordiosa é não só falar, mas também agir em favor do outro

Timothy Keller diz que existem quatro alienações, ou seja, quatro consequências do pecado que a humanidade sente diretamente.[7] Ele as organiza em círculos concêntricos. O círculo mais interno é a alienação teológica, a nossa separação de Deus. O próximo círculo é a alienação psicológica, a separação do nosso eu verdadeiro. Depois vem a alienação social, a incapacidade de conviver bem uns com os outros. Por fim temos a alienação física, que diz respeito ao conflito com a desordem e a degradação da natureza. Como existem essas quatro alienações, a intervenção do cristão na sociedade precisa ser adequada a cada uma delas, seja através de uma palavra de consolo ou de um ato generoso:

> "Amar" significa oferecer ao semelhante o que ele necessita. Às vezes precisamos de palavras para fazer isso; muitas vezes precisamos de ações. Não podemos limitar nosso amor apenas às necessidades localizadas nos "círculos internos"; devemos estendê-lo também aos círculos externos, às necessidades que as pessoas sentem. Negligenciar não significa "amar pela metade", significa não amar de jeito nenhum.[8]

A carta de Tiago explora esse assunto de forma certeira, ao lançar a pergunta: De que adianta ter fé, mas não ter obras, ou seja, não agir movido por essa fé? Ele cogita a hipótese de um irmão ou uma irmã necessitar de roupa ou de alimento (Tg 2.15), ou seja, carecer das necessidades básicas de um ser humano. Diante dessa situação, qual seria a atitude mais alinhada com a nossa fé? Apenas falar um "Deus te abençoe, vou orar por você", ou suprir a necessidade material daquela pessoa? Como diz Keller, negligenciar uma das alienações não significa amar pela metade, significa não amar de jeito

[7] Keller, *Ministérios de misericórdia*, p. 55.
[8] Ibid., p. 67.

nenhum; não significa ter misericórdia pela metade, significa não ser nem um pouco misericordioso.

Nossa fé precisa ser ativa. Como cristãs, precisamos ser praticantes da Palavra, não apenas ouvintes (Tg 1.22); precisamos amar não apenas de palavra ou de boca, mas em ação e em verdade (1Jo 3.18); pois os que obedecem à lei são considerados justos, não os que apenas a ouvem (Rm 2.13). Da mesma forma que falar do amor de Jesus é importante, praticar esse amor de forma concreta é essencial.

Como é a mulher bem-aventurada e misericordiosa?

A mulher bem-aventurada e misericordiosa é, antes de tudo, alvo da misericórdia de Deus. Como somos pecadoras e carentes da graça, somente pela misericórdia do Senhor recebemos salvação e, consequentemente, somos moldadas. Portanto, para ser misericordiosa, antes é preciso ter sido alvo da misericórdia de Deus. A misericórdia não é algo intrínseco à natureza humana e que podemos praticar naturalmente. O Senhor é a fonte da misericórdia, e precisamos beber dessa fonte para sermos mais parecidas com o Pai.

A mulher bem-aventurada e misericordiosa é observadora, boa ouvinte e sensível à dor do outro. Ela não vive apenas em torno de si mesma, desenvolvendo uma rotina autocentrada. Ela olha ao seu redor e consegue perceber quando alguém precisa de ajuda. Está sempre disposta a ouvir atentamente quem precisa desabafar, pois sabe que, muitas vezes, tudo o que a pessoa precisa é de atenção. Ela escuta com amor e sem julgamentos, deixando a pessoa confortável para falar o que necessita. É empática e sente a dor do próximo, seguindo o exemplo de Jesus. Ela não se deixa anestesiar pela sociedade individualista, não banaliza o sofrimento, mas tenta compreender as angústias de todos.

A mulher bem-aventurada e misericordiosa é proativa em fazer o bem. Ela não espera a circunstância ideal para entrar em ação, mas está sempre disposta a agir em favor do outro. Não vive à espera de estar menos ocupada, de ter estabilidade financeira, de ver os filhos crescidos ou de chegar um momento que lhe seja mais favorável para agir. Não se dispõe apenas se lhe pedirem ajuda, mas se antecipa em oferecer socorro. Em todo o tempo ela exerce misericórdia de forma proativa, partindo para a ação antes mesmo que alguém comunique ou solicite a sua generosidade.

A mulher bem-aventurada e misericordiosa se compadece até mesmo daqueles que a ofenderam ou que lhe fizeram mal. Ela compreende que, da mesma forma que é pecadora e comete vários erros, assim também é a pessoa que a feriu. Sabe que a misericórdia triunfa sobre o juízo (Tg 2.13) e entende que deve vencer o mal praticando o bem (Rm 12.21), portanto perdoa os malfeitores, não guarda rancor e não nutre desejo de vingança.

Exemplos de mulheres misericordiosas

A Bíblia cita uma mulher que era conhecida por seus atos de misericórdia. Ela se chamava Tabita (ou Dorcas, a versão grega do seu nome), morava em Jope e se dedicava a praticar boas obras e a dar esmolas, além de costurar vestidos para viúvas em situação de vulnerabilidade. O livro de Atos conta que ela ficou muito doente e acabou morrendo, mas as pessoas ficaram tão comovidas com seu falecimento que, quando ouviram falar que Pedro estava por perto, logo mandaram chamá-lo.

Quando o apóstolo chegou onde estava o corpo, deparou com uma cena semelhante à que Jesus presenciara na morte de Lázaro: muito choro e lamento. As viúvas que eram assistidas por Dorcas estavam inconformadas, mostrando os vestidos e as roupas que ela lhes havia feito. Sem dúvida, a misericórdia de Dorcas era tanta que, diante de sua morte, as pessoas lembravam de seus feitos generosos e sofriam pela perda de uma mulher tão cheia de virtude. A misericórdia causa impacto, enternece corações, destrói objeções e conquista o respeito até mesmo das pessoas mais hostis ao evangelho. A misericordiosa Dorcas era amada e respeitada por todos que conheciam a sua obra benevolente.

Diante daquele luto coletivo, certamente Pedro sentiu a dor daquelas pessoas e decidiu agir para a glória de Deus naquele lugar. Ele pediu que todos saíssem do quarto e, quando estava a sós com o corpo de Dorcas, ajoelhou-se e orou a Deus. Depois se voltou para ela e disse: "Tabita, levante-se" (At 9.40). Diante daquele comando, a mulher abriu os olhos e ficou em pé com a ajuda de Pedro, que logo chamou a todos e mostrou o milagre que Deus havia feito.

A misericordiosa Dorcas tornou-se um dos dez casos de ressurreição citados na Bíblia. Ela também foi a única mulher chamada de "discípula" em todo o Novo Testamento e, sem dúvida, suas obras de generosidade e amor mostravam isso a todos. O próprio Jesus afirmou que as pessoas conheceriam os seus discípulos pelo amor que demonstram uns pelos outros (Jo 13.35). Uma verdadeira discípula demonstra que seu discipulado é sério por meio de seus frutos.

A ressurreição de Dorcas tornou-se conhecida em toda a cidade de Jope, levando muitas pessoas a crerem no Senhor. O milagre que Deus operou em Dorcas converteu pecadores, mas certamente o testemunho dela, cultivado durante toda a vida, também era uma chave que abria o coração das pessoas para a verdade. Timothy Keller diz que a misericórdia é nosso maior argumento apologético:

> Os que não são cristãos não necessariamente se comovem ao ver cristãos suprindo as necessidades teológicas e psicológicas das pessoas. Não conseguem entender a atitude porque eles mesmos não sentem a necessidade. Mas, mesmo não sendo cristãos, sentem necessidades físicas. Quando veem cristãos alimentando um faminto, confortando quem sofre, ajudando financeira e fisicamente os mais fracos, as pessoas que não são cristãs testemunham o nosso servir. Por meio dele, corações podem ser tocados para Cristo.[9]

Atos de misericórdia não substituem o evangelismo, mas, em muitas situações, comovem o coração dos que estão com os ouvidos fechados para ouvir as boas-novas. Alguns cristãos pensam que podem defender sua fé apenas através de palavras rebuscadas e argumentos bem construídos; porém, a nossa obra visível de amor uns pelos outros é uma apologética que legitima a fé cristã.

Ao longo da história do cristianismo também podemos citar exemplos de mulheres misericordiosas, como a duquesa Renata de Ferrara, que foi bastante atuante no período da Reforma Protestante. Ela ficou órfã muito nova e foi educada por Margarida de Navarra, que acabou se tornando rainha e também exerceu influência entre os reformadores.[10] Aos dezoito anos, partiu da França para a Itália, a fim de se casar

[9] Ibid., p. 65.

[10] Rute Salviano Almeida e Jaqueline Sousa Pinheiro, *Reformadoras: Mulheres que influenciaram a reforma e ajudaram a mudar a igreja e o mundo* (Rio de Janeiro: Godbooks/Thomas Nelson Brasil, 2021), p. 79-80.

com Ércole II, o duque de Ferrara — um casamento motivado apenas por interesses políticos. Mesmo assim, os filhos desse matrimônio foram educados, desde crianças, de acordo com a fé protestante, por influência de Renata, apesar de desagradar ao marido.

O duque Ércole II era católico e desejava o favor do papa. Por isso, trabalhava ativamente na Inquisição, prendendo reformadores em seus calabouços, na tentativa de frear o avanço da Reforma. Contudo, dentro da própria família ele tinha uma pessoa que não tolerava ver homens sofrendo por defender o evangelho. Renata constantemente visitava os presos e se compadecia deles, tentando minimizar o sofrimento ali infligido. Mesmo tendo uma vida confortável em meio à nobreza, a misericórdia da princesa era tanta que ela se arriscava para prestar socorro àqueles injustiçados.

Diante de tamanha afronta, o rei Henrique II — sobrinho de Renata — enviou um dos mais implacáveis inquisidores para tentar controlar suas ações de benevolência. Ela foi impedida de ver os próprios filhos, ficou em prisão domiciliar e estava sendo ameaçada de perder as próprias terras. Só foi liberada quando concordou em assistir às missas. Durante todo esse tempo, o grande reformador Calvino trocava cartas com ela e a encorajava, discipulando-a e implorando que ela não desistisse e não se desviasse de seu verdadeiro propósito. Ele foi um mentor espiritual e um correspondente fiel durante trinta anos.

Após a morte do marido, Renata retornou à França e fez do seu palácio um verdadeiro refúgio para os reformadores perseguidos. (Seu palácio ficou conhecido como "Hotel do Senhor", tão grandes eram o acolhimento e o apoio que as pessoas encontravam lá.) Ao ser ameaçada pela rainha Catarina de Médici, a duquesa respondeu que sua ação era legítima pois, independentemente da religião, aqueles homens eram pobres e necessitados, e era seu dever ajudá-los. Apesar de ser protestante, Renata também acolheu pessoas de outras religiões, como monges e famílias católicas. Seus atos de misericórdia ajudaram a Reforma Protestante a se difundir, além de terem salvado inúmeras pessoas ameaçadas de morte.

Depois de anos resistindo a perseguições e se doando pelo evangelho, a base cultivada por Renata foi derrotada, e ela teve que despedir 460 refugiados, fornecendo-lhes 150 carruagens, oito coches, muitos cavalos e mantimentos.[11] Podemos perceber que ela não era apegada aos bens materiais, mas utilizava suas posses para ajudar quem precisasse. Renata morreu aos 65 anos e, sem dúvida, foi bem-aventurada, não pelas riquezas que teve em vida nem pelo status que alcançou, mas sim por seu coração misericordioso que revelava sua fidelidade a Deus. Jesus garantiu que quem exerce misericórdia alcança misericórdia. Hoje, certamente, ela testifica essa verdade plenamente diante do Senhor, livre de perseguições e de insultos. Seu legado deve nos inspirar a jamais nos acomodar na zona de conforto, mas a estar sempre em ação, em prol dos necessitados e oprimidos.

[11] Ibid., p. 86.

— 6 —

BEM-AVENTURADAS AS PURAS DE CORAÇÃO

Bem-aventurados os puros de coração,
pois verão a Deus.

Mateus 5.8 (NVI)

Um dos filmes que mais marcaram minha infância foi *A fantástica fábrica de chocolate*, estrelado por Johnny Depp no papel de Willy Wonka. Fui ao cinema assistir ao filme com meus primos e fiquei encantada com as cores, as músicas e, claro, com aquele mundo mágico de chocolate. Depois de adulta, revi o filme algumas vezes, e o alvo de minha admiração passou a ser a pureza do garotinho Charlie. Depois de encontrar um dos cinco bilhetes dourados que garantiam uma visita à fábrica dos melhores e mais famosos chocolates do mundo, Charlie realiza o sonho de conhecer Willy Wonka.

O excêntrico proprietário diz que uma das crianças ganharia um prêmio especial no final do passeio. Mas, à medida que as crianças entram na fábrica, cada uma delas mostra a contaminação de seu coração e se corrompe ao longo do caminho. Augustus Gloop, devido a sua gula, quase se afoga em um rio de chocolate. Violet Beauregarde, com sua ambição desmedida, mastiga um chiclete em fase de teste e acaba tendo o corpo modificado. Veruca Salt, egoísta e amante das riquezas, vai parar no lixo ao desejar adquirir um dos esquilos do local a todo custo. E Mike Teevee, com sua agressividade e impulsividade, acaba tendo o corpo encolhido.

Dos cinco portadores do bilhete dourado, apenas Charlie permanece até o final. Ele demonstra ao longo do passeio ser um menino gentil, humilde e puro de coração. Por não se deixar levar pelas coisas que via no caminho, é escolhido para herdar a fábrica de chocolate e continuar o legado de Willy Wonka. No final, a proposta do mestre chocolateiro era que Charlie deixasse a família para trás e se unisse a ele, com uma vida confortável e repleta de prazeres. Porém, o menino demonstra sua integridade e nega o convite que o obrigaria a abandonar sua família. Willy é inspirado por essa atitude surpreendente e se reconcilia com o próprio pai. Também acaba refazendo a proposta para Charlie e, dessa vez, o desejo dele foi ser incluído na sua linda e unida família.

Em meio a um mundo corrompido, no qual as pessoas vivem entregues a seus pecados e buscando realizar os próprios desejos a todo custo, o enredo de *A fantástica fábrica de chocolate* nos lembra da importância de manter as mãos limpas e um coração puro (Sl 24.3-5).

Da mesma forma que Charlie ganhou o prêmio por se manter íntegro até o fim, Jesus garante que os puros ou limpos de coração terão a maior recompensa do mundo: o privilégio de ver a Deus. Apesar de amar chocolate, preciso admitir que não há nada melhor do que isso!

No grego, a palavra usada por Jesus em Mateus 5.8 para "puros" é *kátharos*. Quando aplicada à vida rotineira do primeiro século, poderia ser utilizada para designar a roupa suja que foi lavada, o trigo limpo, já sem a palha, o vinho ou o leite que não foi adulterado com água e até mesmo ouro puro.[1] Em resumo, denota algo sem mistura, sem fusão, sem adulteração e sem resíduos. Se aplicarmos esse adjetivo para definir a verdadeira fé cristã, ele qualifica uma fé que não se mistura com o mundo, que não se une ao pecado, que não negocia seus princípios e que é puramente bíblica.

Muitas pessoas, quando pensam ou falam sobre pureza, logo associam-na apenas à sexualidade; porém, a pureza é um estilo de vida que envolve todas as nossas ações, em todas as áreas da nossa vida. No Antigo Testamento, por exemplo, a purificação se referia ao ato de sacrificar bodes ou bezerros para que a pessoa se tornasse apta a participar das cerimônias religiosas. Da mesma forma, hoje, na nova aliança, somos purificadas pelo sangue de Cristo e perdoadas de todos os nossos pecados, e não apenas os de caráter sexual. O autor de Hebreus nos mostra que o sangue de Jesus "nos purifica por dentro, tirando as nossas culpas; assim podemos servir ao Deus vivo, pois já não praticamos cerimônias que não valem nada" (Hb 9.14, NTLH). A pureza de que estamos falando é ampla, e deve ser aplicada a todos os aspectos.

Contudo, o ser humano não é naturalmente puro; pelo contrário, nossa natureza pecaminosa está constantemente tentando nos levar para longe dos caminhos do Senhor. Se deixássemos o coração ser guiado por nossos instintos, ele só nos levaria para caminhos tortuosos. O primeiro passo rumo à pureza, portanto, é admitir a própria maldade que habita em nós. Sozinhas, por meio de nossos esforços pessoais, jamais seríamos capazes de ver a Deus. Por isso, ele mesmo nos purifica por meio do sangue de Jesus. O processo de purificação

[1] Hernandes Dias Lopes, *A felicidade ao seu alcance: Uma exposição das bem--aventuranças* (São Paulo: Hagnos, 2008), p. 100.

do Antigo Testamento precisava ser repetido constantemente, por meio de sacrifícios que partiam dos próprios sacerdotes. A purificação por meio de Jesus, porém, é definitiva: ela nos traz o perdão de que precisamos e não parte de nós mesmas. Contudo, uma vez lavadas pelo sangue de Cristo, precisamos nos manter ativamente limpas e santas (1Ts 3.13).

Ao abordar a importância de pureza, Jesus não apenas disse "bem-aventurados os limpos" ou puros, mas sim "bem-aventurados os limpos *de coração*". Por que a ênfase no coração? Quando a Bíblia fala de coração não está descrevendo aquele símbolo tão conhecido, pintado de vermelho, que as crianças desenham para ilustrar o amor. Na visão bíblica, coração também não significa o órgão responsável por bombear o sangue para todo o corpo. O coração na Bíblia é o centro de quem somos, ou seja, nosso verdadeiro eu, que pensa, considera, avalia, resolve, planeja e se regozija ou que fica sobrecarregado com tristezas.[2] Não é apenas a sede dos afetos e emoções, mas também abrange a mente e a vontade. Não representa nossa aparência, aquilo que mostramos para o mundo, mas sim nosso interior, aquilo que ninguém consegue ver (Pv 27.19).

Um relato bíblico ilustra perfeitamente o significado do coração nas Escrituras. Quando Samuel chegou à casa de Jessé para ungir o próximo rei entre seus filhos, seus olhos logo focalizaram Eliabe, provavelmente por causa de sua boa aparência. Porém, quando Deus viu que o profeta estava prestes a cometer um erro, ordenou que não focasse na aparência nem na altura de Eliabe: "O SENHOR não vê as coisas como o ser humano as vê. As pessoas julgam pela aparência exterior, mas o SENHOR

[2] Russell Shedd, *A felicidade segundo Jesus* (São Paulo: Vida Nova, 1998), p. 85.

olha para o coração" (1Sm 16.7). Assim, Jessé fez passar por Samuel cada um de seus sete filhos, apostando no aspecto físico de cada um deles. No entanto, nenhum daqueles homens fortes e vistosos era o escolhido de Deus, mas sim o pequeno e frágil Davi, que nem sequer fora considerado pelo próprio pai. O Senhor enxergou no interior de Davi as qualidades necessárias para ser um grande líder; por isso ele foi descrito como um "homem segundo o coração de Deus" (1Sm 13.14).

Outro exemplo (este de uma obra de ficção) fala da importância de se observar o interior, o coração, como Jesus destaca nessa bem-aventurança. Na famosa obra de Antoine de Saint-Exupéry, vemos o Pequeno Príncipe interagindo com a raposa. Ao final da conversa, o animal conta um segredo para o menino: "Só o coração é capaz de ver bem as coisas. O essencial é invisível aos olhos".[3] O Pequeno Príncipe ficou tão encantado com essa verdade que repetiu a segunda parte do segredo várias vezes, para não se esquecer de que as coisas importantes estão fora do alcance dos olhos.

Ao mesmo tempo que o coração é a essência de quem somos, a Bíblia também nos ensina que dele partem nossos maiores desafios: "do coração vêm maus pensamentos, homicídio, adultério, imoralidade sexual, roubo, mentiras e calúnias" (Mt 15.19). As impurezas surgem do nosso próprio interior, por causa do pecado que é inerente a todo ser humano. O profeta Jeremias também afirmou que "o coração humano é mais enganoso que qualquer coisa e é extremamente perverso; quem sabe, de fato, o quanto é mau?" (Jr 17.9). Diante dessas verdades, aquele conselho tão repetido pelas pessoas, que diz "siga

[3] Antoine Saint-Exupéry, *O Pequeno Príncipe: Com ensinamentos de Jesus e da Bíblia* (Rio de Janeiro: Petra, 2016), p. 72.

seu coração", na verdade conduz à destruição. Quando seguimos nosso próprio coração, estamos seguindo um caminho de morte; mas, quando submetemos nosso coração à vontade de Deus, escolhemos um caminho de pureza.

Ao associar a ideia de pureza ao coração, Jesus está nos dizendo que deseja que sejamos puras de verdade, e não apenas na aparência. Quando nossas atitudes são guiadas pela pureza interior que obtemos através do Senhor, somos coerentes; porém, quando nossas ações são apenas fruto de regras religiosas e de moralismo, tornamo-nos hipócritas, pois o coração continua imundo.

Tipos de pureza

Já vimos o conceito original de pureza e como ela se relaciona com o íntimo do nosso ser. Agora é importante discernirmos os tipos de pureza e o papel que cada uma desempenha em nosso entendimento. O pregador puritano Thomas Watson diferencia cinco tipos de pureza: a original, a criada, a final, a posicional e a prática.[4]

A *pureza original* é aquela existente apenas em Deus, no único que é santo e plenamente justo. Jackie Hill Perry explica que a santidade não é um mero aspecto de Deus; ela o define por inteiro e o tempo todo, ou seja, a pureza original encontrada no Senhor não depende de circunstâncias, não muda e jamais acaba.[5] Além disso, ele é e sempre será a fonte de toda a pureza, a pessoa que devemos buscar para nos santificar.

[4] Thomas Watson, *The Beatitudes: An Exposition of Matthew 5:1-10* (Carlisle: The Banner of Truth Trust, 2000), p. 171.

[5] Jackie Hill Perry, *Santo, santo, santo: Como a santidade de Deus nos leva a confiar nele* (São Paulo: Mundo Cristão, 2022), p. 24.

A *pureza criada* esteve presente na história da humanidade antes da Queda, ou seja, ela era o padrão de Deus para nossa vida. O Deus puro criou seres puros a partir de si mesmo e viu que aquilo era muito bom (Gn 1.31). Infelizmente, essa pureza plena foi perdida a partir do momento em que a humanidade desejou ser igual a Deus e pecou.

A *pureza final* será uma realidade para nós após a glorificação, quando estaremos finalmente livres do pecado e plenamente santificadas junto ao Pai. O livro de Apocalipse descreve essa pureza ao mencionar as vestes brancas do povo que se manteve fiel até o fim (Ap 7.9-17). Já no capítulo 22 de Apocalipse — o último de toda a Bíblia — vemos o Senhor ressurreto e em sua glória ecoando as palavras de sua bem-aventurança sobre a pureza: "Felizes [bem-aventurados] aqueles que lavam suas vestes. A eles será permitido entrar pelas portas da cidade e comer do fruto da árvore da vida" (Ap 22.14).

A *pureza posicional* é a que recebemos pela graça, uma vez que cremos em Jesus como Senhor e Salvador. A Bíblia nos garante que "se confessamos nossos pecados, ele é fiel e justo para perdoar nossos pecados e nos purificar de toda injustiça" (1Jo 1.9). Esse tipo de pureza também é mencionado pelo apóstolo Paulo em sua carta a um jovem pastor: "Ele entregou sua vida para nos libertar de todo pecado, para nos purificar e fazer de nós seu povo, inteiramente dedicado às boas obras" (Tt 2.14). Já não há condenação para aqueles que foram purificados por meio do sangue do Cordeiro.

Por fim, a *pureza prática* depende do desejo diário e ativo de os cristãos se santificarem. A Palavra do Senhor, em diversos momentos, orienta os cristãos a buscarem ativamente uma vida pura e santa, tomando a iniciativa e fazendo um esforço diário para isso. O apóstolo Paulo, em 2Timóteo 2.22, aconselha outro jovem pastor a seguir o exemplo de outras pessoas que vivem em pureza: "Fuja de tudo que estimule as paixões da juventude. Em vez disso, busque justiça, fidelidade, amor e paz, na companhia daqueles que invocam o Senhor com coração puro". Além disso, o salmista também expressa em forma de cântico seu desejo de ser a cada dia mais puro com a ajuda do Senhor: "Cria em mim, ó Deus, um coração puro; renova dentro de mim um espírito firme" (Sl 51.10). A pureza prática deve ser um desejo de todo cristão e um empenho diário de santificação.

Como é a mulher bem-aventurada e pura de coração?

A mulher bem-aventurada e pura de coração é, antes de qualquer coisa, purificada pelo sangue do Cordeiro. Ela entrega sua vida nas mãos de Deus e sabe que foi lavada de toda injustiça, perdoada de seus pecados e justificada graciosamente de todas as coisas. Nada mais pode condená-la, pois ela está em Cristo (Rm 8.1). Entende que sozinha não poderia ser purificada totalmente de seus pecados, e sabe que a intervenção divina é essencial no processo de santificação.

A mulher bem-aventurada e pura de coração não é acomodada, mas luta todos os dias contra a sua carne e busca ativamente a santidade. Apesar de entender que a iniciativa da purificação vem de Deus e que só ele tem poder para nos purificar por completo, ela tem convicção de que o Senhor também espera que ela participe do processo constantemente. Assim como Paulo, ela compreende que a vida cristã é uma eterna batalha. Em seu coração, ela tem prazer em obedecer a Deus, mas luta contra seus membros que insistem em agir de maneira diferente (Rm 7.22-23). Ela não está livre da influência do pecado, mas é uma pecadora que constantemente se arrepende. Não se rende à transgressão que habita em si nem cultiva pecados de estimação, mas combate ativamente cada comportamento que desagrada o Senhor.

A mulher bem-aventurada e pura de coração é obediente a Deus e à sua Palavra. Ela sabe que sua vida só é realmente purificada por meio da obediência à verdade (1Pe 1.22) e que sua conduta só se manterá pura se viver de acordo com a Palavra de Deus (Sl 119.9). Entende que a obediência leva a uma vida de genuína retidão e santidade, não a um legalismo semelhante ao dos fariseus, que se preocupavam apenas com regras vazias. Ela tem consciência de que, se obedecer a seus impulsos, será escravizada, mas se seguir a Bíblia será verdadeiramente livre e bem-aventurada.

A mulher bem-aventurada e pura de coração não é superficial, antes ela se preocupa mais em cultivar um interior alinhado com a Palavra. Ela entende que precisa cuidar do corpo, mas sua prioridade é cultivar um interior saudável. Pratica as disciplinas espirituais, como leitura e estudo da Bíblia, jejum e oração, para ajudá-la no fortalecimento espiritual. Ela reconhece a importância de viver em comunidade e de buscar ajuda sempre que necessário. Faz tudo isso para ser fortalecida em sua caminhada cristã e ter o coração como um jardim bem regado, como uma fonte cujas águas nunca secam. Ela não vive na hipocrisia, fingindo ser íntegra apenas exteriormente; suas ações refletem o que ela cultiva no coração. Segue com afinco o que está disposto em Filipenses 4.8: "Por fim, irmãos, quero lhes dizer só mais uma coisa. Concentrem-se em tudo que é verdadeiro, tudo que é nobre, tudo que é correto, tudo que é puro, tudo que é amável e tudo que é admirável. Pensem no que é excelente e digno de louvor".

A mulher bem-aventurada e pura de coração reflete a pureza interior no modo como se veste. Apesar de entender que a aparência não é o foco, ela entende que suas vestimentas precisam glorificar a Deus. Ela não escolhe o que vai usar pensando em seduzir os homens ou em se sentir superior às outras mulheres, mas sim pensando na decência, na modéstia e com bom senso. Sua pureza transborda de seu interior e pode ser percebida por qualquer pessoa que a veja.

A mulher bem-aventurada e pura de coração tem cuidado com o que coloca diante dos olhos. Assim como Jó fez uma aliança com os olhos para não pecar (Jó 31.1), ela também controla seu olhar para não ser levada ao erro. Desvia os olhos das coisas inúteis (Sl 119.37), pois sabe que eles são a candeia do corpo e, se forem maus, a luz que estará dentro dela se transformará em trevas (Mt 6.22-23). Ela entende que seu coração se manterá puro se a sua visão estiver purificada. Sabe que aquela que anda corretamente fecha os olhos para não ser tentada a fazer o mal (Is 33.15); portanto, ela seleciona até mesmo os filmes, séries e livros que consome.

A mulher bem-aventurada e pura de coração é sincera e transparente com todos. As pessoas confiam nela, pois conhecem sua conduta irrepreensível. Ela não se envolve com desonestidade e jamais mente ou engana as pessoas. Não é falsa, mas toda a sua vida, pública e privada, é transparente diante de Deus e dos homens.[6]

[6]John Stott, *Contracultura cristã: A mensagem do Sermão do Monte* (São Paulo: ABU Editora, 1981), p. 24.

Exemplos de mulheres puras de coração

Quando estava planejando essa parte do livro, pensei e pesquisei durante horas uma mulher da Bíblia que fosse ideal para citar aqui, que se encaixasse perfeitamente e que fosse um exemplo de pureza. Percorri o Antigo e o Novo Testamentos, mas não consegui encontrar uma personagem que fosse integralmente pura. Essa busca já estava começando a me frustrar, quando, então, percebi que apenas uma mulher, em toda a história da humanidade, viveu um estado pleno de pureza diante de Deus.

No sexto dia da criação, do pó o Senhor formou a humanidade à sua imagem e semelhança. Formou-a, portanto, com um valor inestimável. Após criar o homem, Deus viu que ele precisava de uma ajudadora idônea, uma *ezer* (em hebraico) que fosse sua companheira e o ajudasse na missão de dominar a criação (Gn 2.18). Assim, o Senhor criou a mulher a partir de uma das costelas do homem e a apresentou a ele. As primeiras palavras humanas documentadas nas Escrituras foram uma verdadeira poesia, com versos que se combinam e se equilibram, exaltando aquela criatura que surgia: "'Esta é osso dos meus ossos, e carne da minha carne! Será chamada 'mulher', porque foi tirada do 'homem'" (Gn 2.23).

Eva foi a única mulher a viver segundo a pureza criada, a pureza que estava presente na história da humanidade antes da Queda. Trata-se de um estado de santidade e de comunhão absoluta e plena com Deus, com o homem e com a criação como um todo, incluindo a própria natureza. Até o momento da Queda, ela foi inteiramente pura, pois, durante esse período de sua vida, o pecado ainda não existia e não havia corrompido a humanidade. Sua vida era completamente alinhada com a vontade de Deus. A inocência presente é demonstrada, por exemplo, em Gênesis 2.25, quando nos é dito que, apesar de ambos estarem nus, homem e mulher não se envergonhavam um do outro.

Ela foi a primeira mulher a existir. Consequentemente, também foi a primeira esposa, a primeira mãe, a primeira avó e a pioneira na vivência da feminilidade. Ela não teve uma referência feminina em quem se espelhar; não teve mãe para aconselhá-la nem uma amiga com quem desabafar. No início de sua existência, Eva foi orientada pelo próprio Deus a ser uma excelente auxiliadora — sua feminilidade foi moldada tendo como única referência o seu Criador.

Contudo, em Gênesis 3 o evento mais trágico aconteceu. A serpente, vendo toda a obra criada por Deus, resolveu tentar aquela mulher e convencê-la a comer da árvore do conhecimento do bem e do mal, o único fruto proibido entre todos os disponíveis. Eva desejou ser igual a Deus, comeu daquele fruto e ainda o ofereceu ao marido, que também se alimentou dele. Naquele momento, os olhos de ambos se abriram e eles perceberam que estavam nus; e então passaram a se esconder de Deus. A inocência e a pureza foram perdidas a partir daquele triste momento.

Na tradição cristã, ao longo dos anos, a história de Eva e de seu deslize tem sido contada como um exemplo negativo, e usada inclusive para justificar a inferioridade da mulher e sua propensão a ser enganada. Tertuliano (160-220 d.C.), considerado um dos pais da igreja, foi um dos primeiros a seguir essa tendência:

> E ignoras que Eva és tu? Está viva ainda, neste mundo, a sentença de Deus contra o teu sexo. Vive, como se impõe, como

> acusada. És tu a porta do diabo. Foste tu que quebraste o selo da Árvore; foste a primeira a desertar da lei divina; foste tu que iludiste aquele que o diabo não pode atacar; foste tu que tão facilmente venceste o homem, imagem de Deus.[7]

No texto, Tertuliano relaciona a figura de Eva a todas as mulheres, chamando-as de "porta do diabo", e apontando que vivem até hoje como acusadas. A interpretação de Tertuliano era comum em sua época e foi amplamente reproduzida por outros teólogos e estudiosos da Bíblia, o que gerou uma onda de discriminação contra as mulheres. Colocar toda a culpa sobre nós, tendo como justificativa o ato de Eva, é antibíblico e totalmente contrário à graça salvadora que Cristo nos proporciona. Uma vez que entregamos nossa vida a Jesus, já não vivemos sob o peso do pecado, pois Deus justifica seus escolhidos (Rm 8.33).

Colocar a responsabilidade da Queda unicamente na mulher revela a injustiça e a impureza do coração pecaminoso dos homens. O peso da Queda, a responsabilidade pela entrada do pecado no mundo, recaiu sobre toda a humanidade, não apenas sobre as mulheres. A sentença de Deus não foi direcionada apenas ao sexo feminino, mas ao masculino também (Gn 3.17-19). Conforme nos lembra Kathleen Buswell Nielson:

> Em Gênesis 3.1-7 não testemunhamos uma falha feminina, mas uma falha humana. A mulher pode ter aberto a porta para

[7] Citado em Monique Alexandre, "Do anúncio do Reino à Igreja: Papéis, ministérios e poder feminino", in: G. Duby e M. Perrot (orgs.), *História das mulheres no Ocidente*, vol. I: *A Antiguidade* (Porto: Edições Afrontamento, 1990), p. 511.

> o pecado, mas Adão podia e devia ter fechado essa porta. As diversas representações de Eva como burra, má ou sedutora são injustas. Mas a Escritura não é. E o Deus da Escritura não é. [...]
>
> Gênesis 3 é claro quanto ao fato de Eva e Adão terem desobedecido ao mandamento de Deus. Embora Adão seja responsabilizado diante de Deus e por toda a história da salvação, Eva não é menos nem mais pecadora do que seu marido. As mulheres não precisam carregar o fardo de ser consideradas melhores nem piores que os homens. Nós, humanos, vivemos todos as consequências arrasadoras da queda.[8]

Eva, cujo nome representa "mãe de todos os viventes", foi a primeira mulher e mãe de toda a humanidade. Seu nome foi dado pelo próprio marido em Gênesis 3.20, após a Queda, e apontava para uma esperança futura:

> Creio que o nome que Adão dá a sua esposa após a queda é incrivelmente significativo. "Eva" remete a primeira mulher ao seu design original, a bênção que lhe foi dada de carregar no ventre novos seres à imagem de Deus; e de carregar em si não somente a vida, mas também a vida de outras pessoas. Como uma fruta que carrega em si o potencial de novas frutas, Eva carregava em si a semente que geraria novas sementes e permaneceria germinando indefinidamente.[9]

Depois da Queda, Eva precisou aprender a ser mulher em um mundo pecaminoso, e pior: sem uma referência feminina

[8] Kathleen Buswell Nielson, *O que Deus diz sobre as mulheres: Feminilidade x feminismo* (São José dos Campos: Fiel, 2018), p. 66, 77.

[9] Francine Veríssimo Walsh, *Ela à imagem dele: A identidade feminina à luz do caráter de Deus* (São Paulo: Mundo Cristão, 2024), p. 125.

para servir de exemplo ou uma rede de apoio para ajudá-la nos momentos difíceis. Mas, além de ser mãe da humanidade, ela também foi mãe de dois filhos, Caim e Abel, e presenciou de perto, em sua família, todo o peso do pecado: o assassinato de Abel pelas mãos do próprio irmão, Caim (Gn 4.8). Após esse acontecimento, Caim foi castigado e afastou-se da presença do Senhor (4.16), partindo para outra terra. Consegue imaginar a dor dessa mulher, ao perder os dois filhos de uma só vez? A Bíblia não relata como Eva reagiu diante dessa situação, mas a sua família seguiu em frente. O casal ainda gerou mais um filho, Sete, e então vemos essa mãe declarando esperança em meio à dor: "Deus me concedeu outro filho no lugar de Abel" (Gn 4.25).

Eva enfrentou desafios pelos quais nenhuma outra mulher na história da humanidade passou. Ela teve o privilégio de viver na harmonia do Éden, mas viveu depois a avassaladora experiência de ser expulsa desse jardim. Precisou desbravar um mundo novo, cheio de dores e tristezas, que se diferenciava radicalmente de sua vivência passada. Teve a alegria de ser mãe, mas a desgraça de ver desavença e morte entre seus filhos. Ela, que vivera inicialmente no Éden em pureza plena, a partir da Queda teve de lutar contra seus próprios impulsos autodestrutivos.

Precisamos olhar para a vida de Eva com um olhar de misericórdia, entendendo que sua criação nos ensina até hoje sobre nosso papel como mulheres, e que seu erro explica nossos sofrimentos atuais. A promessa dada por Deus a ela — de que um dia seu descendente pisaria a cabeça da serpente (Gn 3.15) — é nossa esperança e salvação, Jesus Cristo. A primeira promessa a respeito da vinda do Salvador foi entregue para a primeira mulher que existiu. Isso é um privilégio para nós.

Hoje, apesar de vivermos em uma realidade posterior à Queda, sabemos que Jesus veio para nos levar de volta aos padrões de santidade que um dia planejou para nós. Olhamos para a pureza criada que Eva experimentou e, embora hoje sejamos alvos da pureza posicional e praticantes da pureza prática, já vislumbramos a pureza final que um dia será realidade para todas nós. Essa é nossa maior esperança.

Na história da igreja cristã poderíamos destacar várias mulheres inspiradoras que viveram de maneira pura, apesar de serem pecadoras. Mas gostaria de enfocar a vida de Mônica de Hipona. Nascida e criada em um lar cristão, ela foi educada de acordo com princípios bíblicos, que forjaram seu caráter. Na juventude, ela acabou viciando-se em vinho e embriagando-se constantemente, até que foi alertada e, reconhecendo sua fraqueza, arrependeu-se e logo largou o hábito, mostrando seu compromisso em ter uma vida íntegra.[10]

Casou-se com um homem chamado Patrício e foi uma excelente esposa, apesar de ele ser um homem de temperamento violento e não cristão. Quando tinha 23 anos, em 13 de novembro de 354, Mônica deu à luz Aurélio Agostinho, menino que se tornaria um dos teólogos mais respeitados do cristianismo. Durante a infância e a juventude do filho, Mônica se esforçou para livrar o rapaz dos enganos, da promiscuidade e das doutrinas que poderiam corromper sua fé. Ela orava constantemente e se entristecia, sempre que o filho escolhia andar pelo caminho da impureza. Agostinho, em suas *Confissões*, confirma o posicionamento sempre fiel da mãe:

[10] Rute Salviano Almeida, *Vozes femininas no início do cristianismo: Império romano, perseguição, igreja primitiva e papel feminino* (São Paulo: Hagnos, 2017), p. 257.

> No entanto, aquela viúva casta, piedosa e sóbria, tal como gostas que seja, sustentada sempre pela esperança, mas sem poupar lágrimas, não cessava de chorar por mim diante de ti, em todos os momentos de suas orações. Desse modo, chegavam à tua presença as preces dela, mas tu permitias ainda que revolvesse e debatesse naquelas trevas.[11]

Depois de um período longe dos caminhos do Senhor, Agostinho lembrou-se da fé que sua mãe lhe ensinara e, em abril de 387, converteu-se e foi batizado. A partir daquele momento, ele dedicou a vida ao evangelho e começou a crescer na fé e nos conhecimentos teológicos. Podemos perceber claramente a influência de Mônica na formação do filho, pois, durante toda sua vida, ela plantou a semente da Palavra de Deus no coração do jovem. Por trás do grande legado de Agostinho, há uma mãe que jamais desistiu dele. Além disso, o teólogo a descreveu como "casta", confirmando a integridade da sua conduta:

> Minha mãe era serva de todos os teus servos. Todos os que a conheciam louvavam, honravam e amavam profundamente a ti, por nela sentirem a tua presença comprovada pelos frutos de uma vida santa. Tinha sido esposa de um só marido, tinha cumprido seu dever para com os pais, tinha governado a casa com dedicação e dado o testemunho das boas obras. Educara os filhos, gerando-os de novo tantas vezes quantas os visse afastarem-se de ti.[12]

De acordo com o relato de Agostinho, Mônica não era apenas uma boa mãe, mas demonstrava retidão e excelência

[11] Santo Agostinho, *Confissões*, trad. Maria Luiza Jardim Amarante (São Paulo: Paulus, 2004; 17ª ed.), p. 79.

[12] Ibid., p. 250.

em todas as áreas e a todos com quem convivia. Os frutos de sua vida eram tão nítidos que levavam pessoas a desejaram e a louvarem a Deus por seu testemunho.

Depois de se consolidar na fé, Agostinho estava decidido a fundar uma comunidade religiosa em Tagaste, cidade localizada no norte do continente africano. Ele tinha planejado partir na companhia da mãe, do filho e dos amigos, mas, pouco tempo antes de embarcar, Mônica adoeceu e ficou acamada, com uma febre muito forte. Durante o período acamada, eles conversaram bastante, e a mulher, já debilitada, disse que o maior objetivo da vida dela fora ver o filho desprezar a felicidade terrena e servir a Deus. Por isso, agora, poderia morrer em paz ao contemplar essa realidade. Então, aos 56 anos, ela partiu para os braços do Senhor com a tranquilidade de quem havia cumprido sua missão.

Além de ter batalhado pela conversão genuína do filho, seu exemplo e perseverança levaram o próprio marido à conversão, tendo sido batizado pouco antes da sua morte. Seu exemplo como esposa é a testificação do que está escrito em 1Coríntios 7.14: "Porque o marido não crente é santificado no convívio da esposa" (NAA).

Apesar de ser pecadora, como todas nós, Mônica não se acomodava no pecado; era obediente a Deus e cultivava virtudes interiores que encantavam a todos. Seu exemplo deve nos servir de inspiração. Até hoje ela motiva milhares de mães cristãs a perseverarem por seus filhos e suas famílias. Sua vida nos mostra o poder da oração de uma mulher pura de coração. Assim como Mônica de Hipona viveu uma vida santa e admirável, também nós devemos agir de igual modo, afinal de contas, Deus não nos chamou para uma vida impura, mas sim para uma vida santa (1Ts 4.7).

— 7 —

BEM-AVENTURADAS AS PACIFICADORAS

Bem-aventurados os pacificadores,
porque serão chamados filhos de Deus.
Mateus 5.9 (ARA)

Como uma menina que cresceu assistindo aos filmes da Disney, sempre me recordo das histórias fascinantes que encantavam minha mente e me deixavam concentrada por horas. Até hoje, alguns enredos ainda me impressionam por sua profundidade. Um deles é o do filme *Pocahontas*. A jovem indígena da tribo Powhatan, situada na América do Norte, foi surpreendida certo dia pela chegada dos colonos ingleses, que buscavam explorar a terra em busca de ouro. As diferenças culturais entre os dois povos despertaram a curiosidade de Pocahontas, que passou a observar os costumes dos visitantes, até que conheceu John Smith, um dos líderes da expedição e experiente combatente que costumava massacrar os nativos por onde passava. Eles acabam se envolvendo e a jovem mostra ao explorador que eles não são selvagens, são apenas diferentes e seguem outro estilo de vida. Ela ensinou a Smith a possibilidade de se relacionar com a natureza e com a diversidade de uma forma pacífica. O trecho da música "Cores do vento", cantada por Pocahontas, demonstra justamente a essência pacificadora dessa personagem:

Se vê que só gente é seu semelhante
E que os outros não têm o seu valor
Mas se seguir pegadas de um estranho
Mil surpresas vai achar ao seu redor

Depois de interagir com a nativa, Smith muda sua concepção e deseja agir de maneira diferente, sem violência nem agressividade. Mas os ingleses chegaram com o objetivo de exterminar os nativos e se beneficiar com as riquezas naturais de sua terra, sem nutrir qualquer desejo de se relacionar com os nativos ou de tratá-los com o mínimo de dignidade. Consequentemente, a tribo enxergou os europeus como inimigos e logo começaram a planejar como iria se defender e lutar contra eles. Uma das canções mais impressionantes do filme demonstra a animosidade entre nativos e ingleses, que consideravam um ao outro como bárbaros que nada tinham de humano. A primeira parte da canção se refere à perspectiva dos ingleses, enquanto a segunda mostra a visão dos nativos.

O que esperar desses pagãos nojentos?
Dessa maldita raça e horrível cor
Eu sei o que merecem
São bons quando falecem
São bichos, animais, ou pior
São bárbaros, bárbaros
Não são nem humanos
[...]
Era o que eu temia
O branco é um demônio
Dinheiro é o deus
Em que eles creem

Bem sei que os brancos são
Vazios no coração
Nem sangue acho que eles têm
São bárbaros, bárbaros
Não são nem humanos
Bárbaros, bárbaros[1]

As palavras cantadas são chocantes e demonstram a tendência humana de encarar o diferente como inimigo e de guerrear em busca de interesses egoístas. O filme continua, e John Smith acaba sendo capturado pela tribo Powhatan, deixado como prisioneiro e condenado à morte. No momento de sua execução, Pocahontas se coloca entre o próprio pai e o inglês, clamando por misericórdia e pedindo que não houvesse mais mortes. No final, os anseios pacificadores de Pocahontas prevalecem, e os ingleses voltam para suas terras sem causar mais danos à tribo. John Smith ainda sugere que ela vá com ele para a Inglaterra, mas a jovem escolhe honrar suas origens e ficar com a família.

O filme *Pocahontas* foi inspirado na história real da indígena Matoaka, nascida em 1596, na atual região da Virgínia, nos Estados Unidos A ficção possui algumas semelhanças com a realidade: ela realmente era filha do líder Powhata e salvou a vida de John Smith, mas não houve envolvimento emocional entre eles. Matoaka era pacificadora, mas seus esforços não foram suficientes para impedir o conflito e a destruição. Aos 17 anos, ela mesma acabou sendo raptada e utilizada como moeda de troca, servindo para os ingleses negociarem a libertação de alguns prisioneiros com o líder da

[1] Alan Menken e Stephen Schwartz, "Colors of the Wind", trad. Luiz Claudio como "Cores do Vento", Pocahontas (Walt Disney Records, 1995).

tribo. De acordo com relatos orais, mais tarde ela conheceu e se casou com o inglês John Rolfe, e muitas pessoas acreditam que esse matrimônio contribuiu para a paz entre nativos e colonos.[2] Matoaka acabou se convertendo ao cristianismo e passou a se chamar Rebecca. Ela foi levada para a Inglaterra pela primeira vez em 1616. Até hoje há uma estátua dela na Igreja de São Jorge, em Gravesend, no condado de Kent. Um monumento à paz.

Contudo, conta-se que, após sua morte, os povos voltaram a entrar em conflito e a comunidade de Powhatan foi dizimada e dominada pelos europeus.[3] Parece que a conquista da paz absoluta, em uma humanidade que se inclina para a guerra, é algo que realmente só acontece nos enredos da Disney. O mundo real se assemelha mais a um filme de terror, no qual os países entram em conflito por interesses egoístas e a vida de muitas pessoas é sacrificada em prol desses interesses, resultando em banhos de sangue e famílias destruídas. Em 1945, depois que o mundo presenciou os horrores da Segunda Guerra Mundial, a Organização das Nações Unidas foi criada com o objetivo de manter a paz internacional e estimular o respeito e as relações amistosas entre os países. Apesar dos esforços empreendidos, diversos conflitos eclodem com frequência e as iniciativas pacificadoras parecem surtir poucos efeitos práticos.

[2] Beatriz Evaristo, "História hoje: A paz de Pocahontas (1614)", *EBC*, 5 de abril de 2024, <https://agenciabrasil.ebc.com.br/radioagencia-nacional/geral/audio/2024-04/historia-hoje-paz-de-pocahontas-1614>.

[3] Daniela Bazi, "O que a Disney não contou: a história real de Pocahontas", *Aventuras na História*, 14 de agosto de 2020, <https://aventurasnahistoria.com.br/noticias/reportagem/amonute-verdadeira-mulher-por-tras-de-pocahontas.phtml>.

No filme *Pocahontas*, a personagem chamada vovó Willow, uma sábia árvore que sempre orienta a jovem indígena, aconselha-a a ouvir o coração para se posicionar diante da batalha iminente e entender como agir. Contudo, se o ser humano de fato ouvir seu coração para agir corretamente diante de algum impasse, vai encontrar a tendência carnal e pecaminosa do conflito. A solução não é ouvir o coração, mas sim ouvir a voz de Deus e submeter o coração a ele. John Stott afirma que a pacificação é uma obra divina, pois apenas Deus é o autor da paz e da reconciliação.[4] Hernandes Dias Lopes diz que, enquanto o Príncipe da Paz, Jesus Cristo, não reinar no coração do homem, ele será um ser beligerante e em conflito consigo mesmo, com o próximo e com Deus.[5] As tentativas humanas de pacificação serão sempre frustradas enquanto Jesus não estiver reinando nos corações. E isso não acontece apenas no âmbito dos conflitos internacionais, mas também nos conflitos que ocorrem em nossos diversos relacionamentos. Famílias são destruídas, amizades são rompidas, igrejas, divididas e a insegurança toma conta de nossa rotina.

> Sem paz, você é uma guerra civil ambulante. Sem paz, a igreja perde a comunhão e fica estagnada. Sem paz, as denominações se engalfinham em batalhas intérminas. Sem paz, a cidade vira uma arena de violência. Sem paz, a nação mergulha em densas trevas. Sem paz, o mundo vive a síndrome do pânico. O problema que mais nos assusta hoje é a falta de segurança. Nossas cidades estão se transformando em palco de assaltos, sequestros,

[4] John Stott, *Contracultura cristã: A mensagem do Sermão do Monte* (São Paulo: ABU Editora, 1981), p. 24.

[5] Hernandes Dias Lopes, *A felicidade ao seu alcance: Uma exposição das bem-aventuranças* (São Paulo: Hagnos, 2008), p. 110.

arrombamentos, assassinatos e toda a sorte de violência. O nosso semelhante tornou-se nossa maior ameaça. Falta paz na terra.[6]

A inimizade com Deus resulta na inimizade entre os seres humanos. Depois da Queda, ser um pacificador significa andar na contramão de um mundo imerso em caos e lutar contra a própria carne, constantemente. Entre as obras da carne elencadas em Gálatas 5.19-21, podemos observar comportamentos contrários à paz pregada por Jesus: inimizades, desavenças, ciúmes, dissensões e facções. Essa é a real tendência do coração humano. O apóstolo Paulo, em Romanos 8.6, nos garante que a mentalidade da carne é morte, mas a mentalidade do Espírito é vida e paz.

Mas Jesus não veio trazer a espada?

A Bíblia diz que Jesus é o Príncipe da Paz (Is 9.6). Mas no Evangelho de Mateus existe um texto que, se interpretado equivocadamente, pode gerar um entendimento oposto ao que é pregado no Sermão do Monte. Na passagem em questão, Jesus estava orientando seus discípulos sobre vários temas centrais, quando afirma algo que, à primeira vista, parece soar contrário ao seu ensino:

> Não imaginem que vim trazer paz à terra! Não vim trazer paz, mas a espada.
>
> "Vim para pôr o homem contra seu pai,
> a filha contra sua mãe,
> e a nora contra sua sogra.

[6] Ibid., p. 112.

> Seus inimigos estarão
> em sua própria casa".
>
> Quem ama seu pai ou sua mãe mais que a mim não é digno de mim; e quem ama seu filho ou sua filha mais que a mim não é digno de mim. Quem se recusa a tomar sua cruz e me seguir não é digno de mim. Quem se apegar à própria vida a perderá; mas quem abrir mão de sua vida por minha causa a encontrará.
>
> Mateus 10.34-39

Muitas pessoas acabam aplicando esse ensinamento para incentivar comportamentos que dividem famílias e geram intrigas. Contudo, ele não estava doutrinando seus seguidores para que repelissem seus familiares em nome da fé. Ele não deseja que os cristãos, após a conversão, afastem-se ou se tornem adversários de amigos e familiares apenas pelo fato de terem outras crenças. Cristo apenas estava explicando que, às vezes, se torna inevitável uma ruptura entre crentes e descrentes. É como a separação entre luz e trevas, que, em certos momentos do dia, se torna nítida. Nessa passagem, Jesus elenca uma série de alianças (pai e mãe, filho e filha, nora e sogra), mas deixa claro que nenhuma delas deve estar acima da nova aliança que temos com ele, garantida pelo sangue que ele verteu por nós. Portanto, em razão dessa aliança que temos com Cristo, para segui-lo às vezes precisamos fazer escolhas difíceis, que exigem rupturas. Daí o símbolo da espada que Jesus usa na passagem. Contudo, Jesus nessa passagem não pretendeu jamais incentivar uma postura belicosa ou de conflito por parte de seus seguidores. Ele continua a nos incentivar a sermos pacificadores, pois estes é que serão chamados filhos de Deus.

Portanto, a proposta apresentada por Jesus é de paz, não de confronto. Alguns cristãos, com o intuito de se posicionarem ou de "defenderem a fé", acabam colocando o amor de lado e sendo intolerantes até mesmo com as pessoas mais próximas. Desrespeitam a religião alheia, tratam com desdém as crenças diferentes da sua e acabam construindo enormes barreiras. Mas qualquer tipo de intolerância religiosa, ou seja, qualquer manifestação de desrespeito ou de violência diante da crença ou da religião de outras pessoas, além de ser um desrespeito aos Direitos Humanos, é algo totalmente contrário à postura esperada de um cristão. O apóstolo Paulo até mesmo orienta Timóteo, dizendo que ao servo de Deus não convém brigar, mas sim ser apto para ensinar, tolerante no agir e disposto a corrigir com mansidão se preciso for, na esperança de que haja arrependimento (2Tm 2.24-26).

Ao dizer que veio trazer a espada, Jesus não estava insinuando que seus seguidores devem se comportar como uma multidão furiosa com estacas nas mãos, prontos para atacar qualquer pessoa que pense diferente. Ele estava apenas explicando, de forma simbólica, que a diferença entre cristãos e não cristãos é inevitável e que, infelizmente, pode vir a afetar relacionamentos. A espada não deve estar em nossas mãos; mas, se por acaso, alguém se afastar de nós por sermos cristãos, devemos sempre escolher Jesus.

A rivalidade feminina: somos pacificadoras ou rivais?

A rivalidade feminina tem sido um estigma para as mulheres ao longo dos anos. Ouvimos constantemente que mulheres são, por natureza, desunidas e competitivas, como se a rivalidade fizesse parte da essência feminina. Somos ensinadas desde cedo que "a amizade entre mulheres não é verdadeira" ou que "os homens são mais fáceis de lidar". Somos levadas a acreditar que outras mulheres são nossas rivais e que precisamos ser melhores do que elas. Muitas vezes crescemos ouvindo nossas mães, avós e tias falando mal de outras mulheres, fazendo comentários depreciativos e criticando seu corpo ou suas roupas. Envelhecemos achando que somos perigosas, venenosas e traiçoeiras. Até mesmo a cultura pop acaba contribuindo com essa percepção, ao representar mulheres sendo movidas por inveja, intrigas e competição. Tudo o que ouvimos, desde cedo, acaba influenciando a construção de um imaginário pecaminoso em nossa mente, que nos leva a ter comportamentos completamente opostos à paz que Cristo nos ensina no Sermão do Monte.

Quando essa mentalidade entra em nossas igrejas, o dano pode ser grande. A união tão defendida na Bíblia é substituída por um ambiente de insegurança, competição e desconfiança. Vemos brigas para assumir posições de liderança, voluntárias que acabam sendo humilhadas pelas líderes. Nesse contexto, o serviço é negligenciado, e inicia-se uma verdadeira corrida em busca dos holofotes. Em vez de uma celebrar e glorificar a Deus pelos dons e talentos da outra, cultivam-se a inveja e o desejo de ser igual ou superior.

A rivalidade feminina ainda é pouco debatida nos ambientes religiosos, mas infelizmente tem afetado muitos ministérios. Na verdade, desde os primeiros anos do cristianismo, podemos ver exemplos de desunião entre mulheres, como o relatado em Filipenses, quando Paulo pede que Evódia e Síntique, duas grandes cooperadoras do evangelho, vivam em união e em concordância uma com a outra, e que "no Senhor, tenham o mesmo modo de pensar" (Fp 4.22, NAA). O apóstolo não revela a causa do conflito, mas pede que um fiel companheiro de ministério as ajude no caminho da reconciliação.

Assim, apesar de sermos constantemente bombardeadas com a ideia de que somos rivais, a mulher que deseja ser bem-aventurada aos olhos de Cristo deve combater a rivalidade feminina e ser uma pacificadora em qualquer ambiente — principalmente na igreja. O desejo de ver suas seguidoras unidas é tão real em Jesus que, em João 17.20-23, ele ora ao Pai para que sejamos levadas à plena unidade:

> Não te peço apenas por estes discípulos, mas também por todos que crerão em mim por meio da mensagem deles. Minha oração é que todos eles sejam um, como nós somos um, como tu estás em mim, Pai, e eu estou em ti. Que eles estejam em nós, para que o mundo creia que tu me enviaste. Eu dei a eles a glória que tu me deste, para que sejam um, como nós somos um. Eu estou neles e tu estás em mim. Que eles experimentem unidade perfeita, para que todo o mundo saiba que tu me enviaste e que os amas tanto quanto me amas.

O maior motivo para cultivarmos a unidade é que fazemos parte do mesmo corpo, o corpo de Cristo. Além disso, fomos todas batizadas em um único Espírito, apesar das nossas diferenças (1Co 12.13), o que deve nos levar a crescer em amor, ajustadas e unidas pelo auxílio de todas as juntas desse corpo, tendo como cabeça nosso Salvador (Ef 4.15-16). Esse é o desejo de Cristo para todas nós!

A rivalidade feminina caminha no sentido oposto à paz, e a Bíblia aponta para o exemplo de mulheres que viveram em rivalidade e causaram destruição em suas relações. Lia e Raquel (Gn 30), esposas de Jacó, disputavam a atenção do marido e começaram uma competição pelo maior número de filhos. Sara e Agar (Gn 16) começaram a competir depois que Agar, escrava da família, concebeu um filho para Abraão.

Temos também a história de Ana e Penina (1Sm 1), que viviam em um ambiente tenso, no qual Penina provocava Ana constantemente, por esta ser estéril.

Todas nós temos alegria em dizer que somos filhas de Deus, e, de fato, isso é motivo de grande júbilo. Mas, muitas vezes, nos esquecemos de um detalhe importante: Jesus nos ensina que só carregará esse título quem for pacificadora. Ser filha do Senhor da Paz é algo que se prova quando agimos como ele.

Como é a mulher bem-aventurada e pacificadora?

A mulher bem-aventurada e pacificadora busca manter bons relacionamentos em todos os locais que frequenta. Seja no trabalho, na universidade, na igreja ou na família, ela mantém uma convivência pacífica com colegas e amigos. Entende o que o apóstolo Paulo ensina quando diz: "No que depender de vocês, vivam em paz com todos" (Rm 12.18). Ela sabe que não precisa esperar pela iniciativa dos outros para ter paz, e que deve partir dela mesma a mudança de comportamento e de perspectiva.

A mulher bem-aventurada e pacificadora é boa em solucionar conflitos. Se duas amigas discutem, ela não toma partido nem se envolve na discussão, mas tenta ouvir os dois lados e buscar a conciliação. Se ocorre briga na família, ela não inflama a situação nem contribui para que a intriga perdure, mas se dispõe a aconselhar e a levar os envolvidos a refletirem. Até mesmo quando acaba envolvida em alguma confusão, ela se posiciona de modo a esclarecer o problema, sem se omitir nem se calar, mas escolhendo prudentemente as palavras, para que a paz prevaleça.

A mulher bem-aventurada e pacificadora entende que a paz não pode ser mantida a qualquer custo. Ela sabe que, apesar de ser importante manter a harmonia, ela não deve se omitir diante de maldades, injustiças, desonestidades ou delitos. Reconhece que a paz não é apenas a ausência de conflitos, mas também a presença da justiça que produz relacionamentos verdadeiros e reúne inimigos em amor. Ela age como Jesus, que apesar de ser o Príncipe da Paz, nunca deixou de denunciar os erros das pessoas, mas sempre com mansidão e serenidade.

A mulher bem-aventurada e pacificadora usa as palavras com sabedoria. Ela não se envolve em fofocas nem fala mal de outras pessoas. A fofoca é frequentemente vista como um comportamento relacionado às mulheres, mas a mulher pacificadora não alimenta esse estereótipo. Ela compreende que a vida de alguém pode ser profundamente abalada por um boato maldoso ou por comentários mal-intencionados. Sendo assim, não incentiva a maledicência e segue o conselho que Tiago compartilha em sua carta: "Irmãos, não falem mal uns dos outros" (Tg 4.11).

A mulher bem-aventurada e pacificadora não encara a outra como rival. Ela sabe que a vitória de outra mulher não significa sua derrota; que elogiar e incentivar suas amigas não faz com que ela fique para trás; que incentivar uma colega não a puxa para baixo. Ela se empenha para promover a união entre as mulheres, em qualquer ambiente que frequentar, pois sabe que assim estará honrando a Deus e cumprindo o ensinamento de Jesus nas bem-aventuranças.

Exemplos de mulheres pacificadoras

Na Bíblia encontramos o exemplo de uma mulher muito sábia, corajosa e pacificadora, que tem sua história contada em 2Samuel 20. Ela morava na cidade de Abel-Bete-Maaca, cujo povo era conhecido por ser pacífico e fiel em Israel.

O exército de rei Davi, comandado por Joabe, havia se aproximado e cercado sua cidade com o objetivo de capturar Seba, filho de Bicri, um homem que havia se rebelado contra o rei. Os soldados estavam prestes a atacar, já tendo levantado até uma barragem contra a cidade.

Nesse momento de desespero em que sua cidade estava prestes a ser invadida, uma mulher, descrita como sábia (2Sm 20.16), gritou de dentro da cidade e pediu para falar com Joabe. Quando ele se aproximou, ela questionou aquela empreitada:

> Antigamente era costume dizer: "Se precisar resolver um desentendimento, peça conselho na cidade de Abel". Somos pacíficos e fiéis em Israel, mas o senhor está prestes a destruir uma cidade importante de nossa terra. Por que deseja destruir aquilo que pertence ao SENHOR?"
>
> 2Samuel 20.18-19

Essa mulher anônima usou toda sua sabedoria ao falar com o comandante, argumentando que sua cidade era importante para Israel, uma herança do Senhor. Ela falou com clareza e determinação, mostrando que era boa em solucionar conflitos. Joabe, diante daquele discurso poderoso, logo se justificou, dizendo que não queria arruinar aquele lugar, apenas queria um homem que havia levantado a mão contra Davi. Eles entraram em um acordo: se a cabeça de Seba fosse jogada por cima do muro, o exército se retiraria e os deixaria em paz.

A mulher, usando da mesma sabedoria com que se dirigiu a Joabe, voltou-se para o povo e explicou aquela situação. Então, a população, ouvindo suas palavras, juntou-se e cortou a cabeça de Seba, lançando-a por cima do muro, conforme fora acordado. Joabe voltou para Jerusalém e a paz voltou a reinar em Abel-Bete-Maaca.

A história dessa mulher ilustra o ditado popular "quando um não quer, dois não brigam". De fato, quando nos posicionamos de forma pacífica, até mesmo quem já chegou pronto para a guerra, como Joabe, acaba se desarmando e por vezes se constrangendo diante de nossa atitude diferente. Se ela tivesse alimentado o desejo de guerrear, esse relato teria sido diferente, provavelmente regado a muito sangue de inocentes. A manutenção da harmonia requer uma atitude proativa, um esforço intencional para promover tudo quanto conduza à paz e à edificação (Rm 14.19).

A Bíblia não revela quem foi essa mulher, não cita seu nome e nem sequer fala se ela exercia algum cargo importante naquele lugar. Porém, independentemente disso, a Palavra mostra claramente que ela foi a responsável por evitar uma guerra desnecessária. No fim, pouco importam o poder e o status social, se não houver a sabedoria que promove a paz. A Palavra do Senhor confirma isso em Provérbios 16.32, afirmando que "é melhor ter autocontrole que conquistar uma cidade".

Costumo chamar essa mulher de "diplomata", tendo em vista que o diplomata representa seu povo, defende os interesses do seu país e promove, de forma pacífica, contatos e acordos com diferentes países. Aquela mulher exerceu a diplomacia com excelência. Nós também podemos ser diplomatas em nosso respectivo contexto, usando nossas palavras e ações para promover a paz.

Nos livros de história, encontramos outro exemplo de uma mulher pacificadora, em meio aos conflitos que ocorreram entre 1954 e 1975 no Vietnã. O Vietnã do Norte tentava unificar o país sob um único regime comunista, enquanto o governo do Sul lutava para ser um sistema mais alinhado com o Ocidente, espelhando-se nos Estados Unidos. Cerca de dois milhões de civis morreram durante os confrontos, além de muitos sobreviventes que ficaram marcados pelo resto da vida, tanto na pele quanto na alma. Quando a Guerra do Vietnã é abordada nos livros, é comum encontrarmos a foto de uma menina chorando em desespero, ao sentir o corpo todo queimando. Essa imagem ficou mundialmente famosa e se tornou um símbolo da crueldade da guerra.

O nome da garota retratada na imagem é Kim Phuc Phan Thi, e ela conta um pouco de sua história em uma palestra dada em um TEDx Talks em Viena, na Áustria.[7] Até os nove anos, ela vivia com os pais no Vietnã do Sul e tinha uma vida tranquila. Tudo isso mudou no dia 8 de junho de 1972, quando o conflito atingiu violentamente o local onde ela morava. Após ser orientada a correr para fugir do inimigo, Kim descreve que viu um avião se aproximando e, em seguida, ouviu sons de explosão. Foi então que ela percebeu o fogo consumindo tudo ao seu redor, inclusive suas próprias roupas, até que ficou completamente despida. Logo as chamas atingiram seu corpo com brutalidade e ela lembra de dizer repetidamente que estava quente demais para suportar. A bomba que foi jogada era de napalm, um composto à base de gasolina que provoca sérias queimaduras no corpo. No exato momento em que isso acontecia, o fotógrafo Nick Ut, que trabalhava para a agência de notícias Associated Press, capturou a imagem que chocou o mundo e gerou grande comoção.[8] O homem não

[7] Kim Phuc Phan Thi, "Choosing Forgiveness", *TEDxTalks*, 10 de janeiro de 2023, <https://www.youtube.com/watch?v=Qx_k7WZdj5k&t=42s>.

[8] "Garota Napalm: Como está a menina da foto que virou símbolo da Guerra do Vietnã, há 50 anos", *O Globo*, 8 de junho de 2022, <https://oglobo.globo.com/blogs/blog-do-acervo/post/2022/06/garota-napalm-como-esta-menina-da-foto-que-virou-simbolo-da-guerra-do-vietna-ha-50-anos.ghtml>.

apenas registrou a cena, mas também levou a menina para o hospital e, com essa iniciativa, salvou a sua vida.

Após o incidente, Kim passou catorze meses no hospital e foi submetida a dezessete cirurgias, entre elas um transplante de pele. Teve uma recuperação dolorosa, mas que a fez conviver melhor com as consequências do ataque. Ela relata que, quando saiu do hospital, sonhava em se tornar médica, para ajudar mais pessoas em sofrimento; porém, a fama da sua foto a impediu de seguir esse sonho, uma vez que a jovem acabou sendo usada pelo governo e submetida a uma série de entrevistas e palestras, tendo a sua liberdade de escolha tolhida.

Apesar dos inúmeros tratamentos que seu corpo recebia, por dentro ela ainda não havia sido tratada, e seu coração ainda estava ferido pela crueldade que havia vivenciado. Porém, tudo mudou quando Kim conheceu a Jesus, em 1982, através de uma Bíblia que encontrou em uma biblioteca local. A partir dos ensinamentos de Cristo, ela percebeu que apenas encontraria paz através do perdão, ao se libertar da raiva e do ressentimento. Ela conta que se envergonhava daquela foto, devido a sua nudez exposta, e a via como uma maldição em sua vida. Porém, após conhecer Jesus, decidiu mudar de perspectiva e vê-la como uma bênção e como um meio de promover a paz. Assim, em 1997, ela criou uma fundação com o intuito de ajudar crianças em estado de vulnerabilidade, a The Kim Foundation International, que atua em países como Vietnã, Índia, Uganda, Gana, Quênia e Romênia. Através do seu trabalho social, Kim tem ajudado a proporcionar uma vida mais digna para crianças, promovendo educação, acesso a cuidados médicos e acolhimento. E, assim, o sofrimento daquela menina de nove anos se transformou em esperança para outros meninos e meninas.

Ela começa sua palestra com uma declaração que, para muitos, pode soar contraditória: "Eu sou uma vítima da guerra. Eu sou uma sobrevivente da violência. Eu sou uma defensora da paz". Violência gera mais violência. Somos ensinadas desde cedo a revidar, quando nos provocam na escola, e a retribuir qualquer tipo de agressão praticada contra nós. Por isso, ser uma mulher pacificadora é nadar contra a maré e implantar a cosmovisão do reino de Deus, que é radicalmente diferente dos padrões do mundo. Assim como a "diplomata" da Bíblia, Kim também reagiu ao caos do mundo tomando a iniciativa de propagar a paz. Meu desejo é que possamos assumir nossa identidade de filhas de Deus com convicção, sabendo que, para isso, devemos ser instrumentos de paz. Que nossa oração diária seja a mesma proferida um dia por Francisco de Assis, ao exclamar com tanta profundidade o desejo de ser um pacificador:

> Senhor,
> Fazei de mim um instrumento de vossa Paz.
> Onde houver Ódio, que eu leve o Amor,
> Onde houver Ofensa, que eu leve o Perdão.
> Onde houver Discórdia, que eu leve a União.
> Onde houver Dúvida, que eu leve a Fé.
> Onde houver Erro, que eu leve a Verdade.
> Onde houver Desespero, que eu leve a Esperança.
> Onde houver Tristeza, que eu leve a Alegria.
> Onde houver Trevas, que eu leve a Luz![9]

[9] "Oração de São Francisco", Franciscanos.org, <https://franciscanos.org.br/carisma/oracao-de-sao-francisco.html#gsc.tab=0>.

— 8 —

BEM-AVENTURADAS AS QUE SÃO PERSEGUIDAS POR CAUSA DA FÉ

Bem-aventurados os perseguidos por causa da justiça, pois deles é o Reino dos Céus.

MATEUS 5.10 (NAA)

O cristianismo, desde o início, tem sido marcado por perseguições de vários tipos. Jesus começou a ser perseguido quando ainda era apenas um bebê, no momento em que Herodes emitiu uma ordem para matar todos os meninos de até dois anos de idade em Belém e arredores (Mt 2.16). Ao longo de seu ministério, ele também foi perseguido inúmeras vezes pelos fariseus, que aproveitavam qualquer oportunidade para questionar seus atos, suas palavras e seus milagres. Até mesmo sua morte na cruz — apesar de fazer parte do plano divino de salvação — ocorreu com base em acusações injustas e por uma perseguição descarada da parte dos principais sacerdotes e anciãos (Mt 26.3).

Após a morte e a ressurreição de Jesus, os alvos passaram a ser seus seguidores, que ficaram com a missão de espalhar as boas-novas do evangelho. Jesus já tinha avisado que esse seria um desafio para seus discípulos, quando disse: "O escravo não é maior que o seu senhor? Uma vez que eles me perseguiram, também os perseguirão" (Jo 15.20). Ao longo do livro de Atos, vemos a perseguição se revelando de várias formas, seja através da prisão de líderes como Pedro, João e Paulo, seja através de críticas ferrenhas, duras ameaças e mortes cruéis, como a de Estêvão, que foi apedrejado por uma multidão (At 7.54-60). A pregação sobre os ensinamentos de Jesus era vista como blasfêmia contra as leis de Moisés e contra o próprio Deus. Portanto, era amplamente combatida, e os fariseus estavam dispostos a tudo para impedir o avanço daquela nova religião. Contudo, quanto mais o evangelho era combatido, mais pessoas se convertiam.

A história da igreja nos primeiros séculos também mostra a cruel realidade que os primeiros cristãos vivenciaram. Após a morte de Jesus, a igreja cresceu consideravelmente em Roma, o que começou a incomodar as autoridades, que viam aquele movimento como uma agitação. No ano 64 d.C., sob o governo do imperador Nero, vários cristãos foram condenados à morte. De acordo com o cronista romano Cornélio Tácito, as torturas variavam entre serem cobertos com peles de feras selvagens e estraçalhados por cães, até serem amarrados em cruzes e queimados vivos, para servirem de iluminação à noite.[1] As violências cometidas por Nero ocorreram apenas trinta anos depois do ministério terreno de Jesus, e deram início a um período tenebroso para o cristianismo.

Por volta do ano 112 d.C., a perseguição aos cristãos já havia se tornado regra nas províncias romanas. Temos a confirmação disso através de cartas enviadas pelo governador Plínio, que questionava qual seria a melhor atitude a ser tomada diante daquela nova religião:

[1] John Dickson, *Opressores e santos: Uma análise do bem e do mal na história cristã* (Rio de Janeiro/São Paulo: Thomas Nelson Brasil/Pilgrim, 2023), p. 73.

> Até o momento, esta é a linha de ação que tenho tomado com todas as pessoas trazidas até mim sob a acusação de serem cristãs. Tenho perguntado a elas em pessoa se são cristãs, e, se confessam, eu repito a pergunta uma segunda e uma terceira vez, advertindo-as acerca da punição que as aguarda. Se elas persistem, ordeno que sejam levadas para serem executadas; pois, qualquer que seja a natureza da sua confissão, estou convencido de que sua teimosia e obstinação resistentes não devem sair impunes.[2]

Plínio nunca conseguiu definir com exatidão quais crimes aquelas pessoas tinham cometido e, em suas tentativas de apurar, afirmou ter submetido a torturas duas escravas cristãs, que também eram diaconisas na igreja, para que confessassem algum delito.[3] Com o objetivo de incriminar os cristãos, as pessoas os acusavam de coisas abomináveis e falsas. Eles foram acusados: de pertencerem a uma religião ilícita, que incluía uma organização secreta; de canibalismo, uma vez que faziam alusão ao corpo e ao sangue de Jesus nas ceias; de incesto, pois os integrantes se chamavam e se tratavam como irmãos; e de inúmeras práticas desumanas.[4]

No período de governo do imperador Décio (249-251 d.C.), muitos cristãos proeminentes foram executados com o objetivo de desencorajar as massas e de amedrontar os seguidores. Líderes importantes, como o bispo Alexandre de Jerusalém, o bispo Bábilas de Antioquia e o bispo Fabiano de Roma, tiveram suas vozes silenciadas. Porém, o resultado

[2] Pliny the Younger, Letters 10.96, Loeb Classical Library 59.

[3] Dickson, *Opressores e santos*, p. 75.

[4] Rute Salviano Almeida, *Mártires cristãs: Mulheres que deram a vida por amor a Jesus* (Rio de Janeiro: Thomas Nelson Brasil/Godbooks, 2022), p. 27.

esperado foi o oposto, e muitas pessoas ficaram ainda mais curiosas para conhecer a doutrina cristã.

Já no início do quarto século, a maior campanha contra a igreja começou em Roma, e era composta de várias frentes. Pela frente intelectual, promoveu-se uma investida com o filósofo grego Porfírio, que usou toda sua habilidade de argumentação para produzir diversas obras que se posicionavam contra o cristianismo. Já no ano de 303, o imperador Diocleciano emitiu quatro éditos, com o propósito de esmagar a fé cristã, decretando, entre outras coisas, a demolição de igrejas, a queima de textos sagrados e a proibição de reuniões. O quarto édito determinava que todos os cidadãos deveriam participar de sacrifícios oferecidos aos deuses gregos e, caso se recusassem, deveriam ser torturados e até mesmo executados.[5]

Durante a grande perseguição, as mulheres cristãs sofriam não só os abusos de costume que todos sofriam, mas também violações associadas à sua condição de mulher. A virgindade, por exemplo, era considerada algo precioso e protegido por lei; porém, com a dura perseguição, as jovens que não negassem a fé eram frequentemente levadas a prostíbulos ou abusadas sexualmente.[6] A dignidade daquelas irmãs em Cristo era roubada pelo simples motivo de seguirem a Jesus. Muitas, diante da angústia desse cruel destino, chegavam a tirar a própria vida em um ato de desespero.

Foi apenas em 312 que o cristianismo foi legalizado durante o governo de Constantino, que atribuiu uma de suas grandes vitórias militares (a famosa batalha na Ponte Mílvia) à ajuda divina de Jesus, uma decisão que surpreendeu a todos.

[5] Ibid., p. 79-81.
[6] Ibid., p. 50-1.

Ele elaborou o Édito de Milão, que garantia liberdade religiosa para todas as crenças e extinguia as normas opressoras contra os cristãos.[7] Essa, definitivamente, foi uma grande vitória para a fé cristã, mas não significa que a perseguição foi extinta e que os fiéis no mundo inteiro tiveram liberdade definitiva. A resistência tem sido uma marca do cristianismo ao longo dos séculos, e até hoje muitos irmãos e irmãs são perseguidos em diversas partes do mundo.

Desde 1955, a missão Portas Abertas atua em mais de 60 países apoiando a igreja perseguida de várias formas. Ela surgiu quando um missionário holandês percebeu a necessidade e começou a distribuir, clandestinamente, Bíblias a cristãos que não podiam ter acesso legal às Escrituras, tendo ficado conhecido como "o contrabandista de Deus". De acordo com dados de 2024, existem 50 países onde os cristãos são mais perseguidos hoje, contabilizando mais de 365 milhões de pessoas e uma média de quase 5 mil cristãos mortos por ano em razão de sua fé.[8] Entre os países citados, os cinco mais violentos são: Coreia do Norte, Somália, Líbia, Eritreia e Iêmen. A maior parte da perseguição ocorre nos continentes africano e asiático. Lá igrejas são destruídas, famílias são separadas, casas e negócios de cristãos são invadidos e pessoas são presas, torturadas e até mesmo mortas com frequência e naturalidade.

Na Coreia do Norte — hoje o país mais hostil ao cristianismo —, apesar de a liberdade religiosa ser assegurada pela Constituição, na prática as ações são bem diferentes. O grupo

[7] Ibid., p. 88.

[8] Portas Abertas, "Lista Mundial da Perseguição 2025 – Ranking dos países que mais perseguem cristãos", <https://portasabertas.org.br/lista-mundial/paises-da-lista>.

de defesa da missão Portas Abertas estimou que, em 2022, cerca de 400 mil cristãos viviam lá, e provavelmente praticavam sua fé em segredo pois, caso fossem descobertos, poderiam ser deportados para campos de trabalho como criminosos políticos e até mortos no local. Já o estudo feito por uma ONG chamada Persecuting Faith mostra que, entre 1997 e 2018, dos 167 casos de violações dos direitos humanos que ocorreram no país, 91 envolveram cristãos.[9]

A igreja é perseguida no Brasil?

O Brasil não é citado na Lista Mundial de Perseguição da Portas Abertas, pois aqui podemos expressar a nossa fé livremente e frequentar reuniões públicas religiosas sem que ninguém seja torturado ou morto por causa de sua crença. Assim, com base nos critérios normalmente utilizados, não podemos dizer que exista perseguição religiosa no nosso país. De acordo com pesquisa realizada pelo Instituto Ipsos,[10] cerca de 70% da população brasileira se identifica com o cristianismo; além disso, as expressões artísticas cristãs já foram reconhecidas oficialmente como uma manifestação cultural do Brasil.[11] Podemos concluir

[9] ACN Brasil, "Coreia do Norte: Liberdade Religiosa no Mundo — Relatório de 2023", <https://www.acn.org.br/coreia-do-norte/>.

[10] *Fundação Padre Anchieta*, "Pesquisa aponta que 89% da população brasileira afirma acreditar em Deus", 22 de maio de 2023, <https://cultura.uol.com.br/noticias/58921_pesquisa-aponta-que-89-da-populacao-brasileira-afirma-acreditar-em-deus.html>.

[11] Agência Senado, "Cristianismo passa a ser reconhecido como manifestação cultural do Brasil", Senado Notícias, 16 de setembro de 2024, <https://www12.senado.leg.br/noticias/materias/2024/09/16/cristianismo-passa-a-ser-reconhecido-como-manifestacao-cultural-do-brasil>.

então que o cristianismo está enraizado no Brasil, fazendo parte da construção social e da formação moral dos brasileiros.

Apesar disso, muitos cristãos afirmam sofrer perseguição e cristofobia no Brasil. John Dickson afirma que, no mundo de hoje, temos um retrato que confronta as duas faces da história da igreja: o médico e o monstro. O médico seria o servo humilde, que suporta a dor com alegria, em vez de infligi-la, enquanto o monstro é o "policial da moralidade", ansioso por oprimir a cultura em favor da causa da "retidão". O autor argumenta, a partir dessa perspectiva, que muitos fiéis se utilizam da liberdade religiosa para oprimir as minorias em nome de sua fé e, quando confrontados por isso, dizem estar sofrendo perseguição. Assim, o que muitos chamam de perseguição ao cristianismo seria, na verdade, uma reação de culturas, religiões e povos minoritários diante de uma investida desrespeitosa.[12]

Infelizmente, hoje vemos líderes religiosos e seus seguidores massacrarem pessoas que seguem outro credo, ou que defendem uma corrente política ou ideológica diferente da considerada "aceitável" pelos princípios cristãos, e até mesmo pessoas que simplesmente possuem uma opinião diferente. E, ao menor indício de resposta por parte dessas pessoas, esses líderes e seus seguidores se colocam na posição de vítima, como se fossem oprimidos. Assim, o mesmo cristianismo que é massacrado em países extremistas acaba massacrando em contextos nos quais se configura como maioria. O médico se torna monstro, a depender da sua localização e das condições que o cercam.

[12] Dickson, *Opressores e santos*, p. 70.

Apesar dessa distorção sobre o que é, de fato, perseguição, podemos constatar a ocorrência de discursos de ódio contra o cristianismo em vários ambientes. O pastor Hernandes Dias Lopes afirma que existem duas formas principais de pessoas serem perseguidas: com armas e com a língua.[13] No Brasil, não vemos uma coerção com o uso de força física, mas sim uma violação através das palavras, seja pela injúria, pela mentira ou pela maledicência. O próprio Cristo, nas bem-aventuranças, especifica o que seria essa perseguição: "Bem-aventurados serão vocês quando, por minha causa, os insultarem, os perseguirem e, mentindo, disserem todo tipo de mal contra vocês" (Mt 5.11, NAA).

Nas redes sociais, vemos diariamente pessoas criticando ou menosprezando aspectos da fé cristã, dedicando páginas inteiras a fazer piadas e sátiras com histórias bíblicas e doutrinas. Nos ambientes universitários, muitos professores classificam abertamente o cristianismo como retrógrado, tratando os estudantes cristãos como desinformados e alienados. Também é comum a automática associação de lideranças cristãs a desvios de conduta, generalizando e considerando que "todo pastor é ladrão" e que "todo crente é intolerante".

Não podemos deixar de reconhecer que muitas dessas investidas são baseadas na própria conduta duvidosa de alguns religiosos. Isso, porém, não se configura como uma causa que justifique a perseguição. O apóstolo Pedro diz que, se um cristão sofrer, que não sofra por ser assassino, ladrão, malfeitor ou por se intrometer nos negócios dos outros (1Pe 4.15). Mas a verdade é que a igreja não tem dado um bom exemplo ultimamente:

[13] Hernandes Dias Lopes, *A felicidade ao seu alcance: Uma exposição das bem-aventuranças* (São Paulo: Hagnos, 2008), p. 122.

Hoje a igreja evangélica tem sido motivo de chacota pela sua falta de integridade. A igreja cresce, mas a vida dos crentes não muda. Ser crente hoje não é sinônimo de ser íntegro, verdadeiro. Multiplicam-se os escândalos daqueles que se dizem cristãos. A igreja evangélica tem sido mais conhecida na mídia pelos seus escândalos do que por sua piedade. Em recente pesquisa feita no Brasil, constatou-se que as três classes mais desacreditadas são os políticos, a polícia e os pastores. Há muitos líderes inescrupulosos que usam o púlpito para enganar os incautos com um falso evangelho, a fim de se abastecerem da lã das ovelhas.[14]

A perseguição a que Jesus se refere nas bem-aventuranças não é consequência de erros ou de escândalos que os cristãos cometem, mas sim da prática da justiça, por defenderem a verdade e por terem uma vida íntegra. Em outras palavras, devemos incomodar o mundo não com nossos pecados e erros, mas com nossa integridade e nosso comportamento exemplar. Os ímpios, muitas vezes acostumados com a desonestidade no ambiente de trabalho, devem se sentir incomodados quando um cristão se nega a mentir ou a receber dinheiro de forma ilegal. Os ímpios devem estranhar a pureza de uma jovem que se veste com decência e que não entrega seu corpo a prazeres passageiros. De igual modo, devem achar absurdo que um homem não saia para se embriagar e, em vez disso, se dedique à família.

Dessa forma, não é qualquer tipo de sofrimento que se configura como perseguição e bem-aventurança. A perseguição deve partir, simplesmente, do conflito entre dois sistemas de valores irreconciliáveis. A partir do momento que escolhemos andar com Cristo, os valores que nos guiam devem ser radicalmente diferentes daqueles que o mundo ensina. Isso é

[14] Ibid., p. 123.

suficiente para que o mundo nos odeie, da mesma forma que odiou o nosso Mestre.

Como é a mulher bem-aventurada que é perseguida por causa da justiça?

A mulher bem-aventurada que é perseguida por causa da justiça não se dedica a defender as próprias causas, mas sim a verdade do evangelho. Ela não abre a boca para legitimar as próprias opiniões sobre qualquer assunto, mas sim para expor o que a Bíblia diz. Está mais interessada na defesa das Escrituras do que na defesa de sua própria reputação. Ela sabe que sua vida está a serviço do reino de Deus e que seu papel aqui no mundo é de embaixadora, ou seja, de representante — não de si mesma ou de suas convicções pessoais, mas de Cristo.

A mulher bem-aventurada que é perseguida por causa da justiça é íntegra em sua conduta, pois não deixa margem para ser atacada por maus comportamentos. Ela sabe que, como defensora e embaixadora do evangelho, precisa agir corretamente diante do mundo, para que as pessoas possam olhar para ela e ver o próprio Cristo em suas ações. Não deve ser criticada por mau comportamento, ou seja, por ser intolerante com os outros, por desrespeitar as crenças alheias ou por nutrir um sentimento de superioridade pelo fato de ser cristã, mostrando-se arrogante e "não se misturando" com familiares ou colegas que não são cristãos. A única perseguição que deve existir em sua vida é a que decorre justamente do fato de ela seguir a Palavra e ser diferente do mundo.

A mulher bem-aventurada que é perseguida por causa da justiça não negocia seus princípios, por mais que seja pressionada ou desprezada por isso. Como serva de Cristo, ela sabe que não depende da aprovação de pessoas, mas sim do próprio Deus, como Paulo dizia: "Acaso estou tentando conquistar a aprovação das pessoas? Ou será que procuro a aprovação de Deus? Se meu objetivo fosse agradar as pessoas, não seria servo de Cristo" (Gl 1.10). Assim, mesmo que seja insultada ou excluída por ser cristã, ela não abandona seus princípios para ser aceita ou aprovada. A única aprovação de que ela precisa é a de seu Pai.

A mulher bem-aventurada que é perseguida por causa da justiça se lembra dos irmãos perseguidos ao redor do mundo e ora por eles. Apesar de viver em um país onde pode exercer sua fé com liberdade, ela se compadece daqueles que precisam se esconder e viver ilegalmente para seguir a Jesus. Agradece a Deus pelo privilégio de ser uma cristã livre, mas clama pelos que estão sendo perseguidos, torturados, presos e mortos em nome do evangelho. Ela segue a orientação bíblica dada aos hebreus: "Lembrem-se dos que estão na prisão, como se vocês mesmos estivessem presos. Lembrem-se dos que são maltratados, como se sofressem os maus-tratos em seu próprio corpo" (Hb 13.3). Ela é empática e, sempre que pode, dispõe-se a auxiliar o trabalho missionário dos cristãos perseguidos, seja contribuindo financeiramente ou através de oração e divulgação.

A mulher bem-aventurada que é perseguida por causa da justiça é resiliente em um mundo contrário ao cristianismo. Ela não desanima diante de críticas ou de qualquer tipo de oposição ao evangelho, mas se mantém firme e inabalável em sua fé. A resiliência diante das pressões de uma sociedade distante de Deus é descrita em 2Coríntios 4.8-9, quando o apóstolo Paulo encoraja os cristãos a permanecerem firmes, apesar das circunstâncias: "De todos os lados somos pressionados por aflições, mas não esmagados. Ficamos perplexos, mas não desesperados. Somos perseguidos, mas não abandonados. Somos derrubados, mas não destruídos". A mulher bem-aventurada não se deixa entristecer pela perseguição, que se torna um combustível para que prossiga cada vez mais fiel ao Senhor. Ela sabe que Jesus garantiu que os perseguidos ganharão o reino dos céus. Por isso, descansa nessa promessa e, assim, é capaz de enfrentar qualquer coisa.

Exemplos de mulheres perseguidas por causa da justiça

Em Atos 17.16-34, a Bíblia relata um poderoso discurso que o apóstolo Paulo proferiu em Atenas. Enquanto estava lá, o apóstolo se incomodou profundamente com a idolatria que dominava a cidade e por isso pregava continuamente na sinagoga e na praça falando do único e verdadeiro Deus. Alguns filósofos ficaram incomodados com o que ouviram, desdenhando das palavras pregadas e chamando Paulo até de "tagarela". Diante do incômodo gerado, levaram Paulo ao Areópago, o centro intelectual da cidade grega, onde líderes e pensadores deliberavam acerca de temas relevantes para o povo, como leis e religião.

Ao chegar ao local, os filósofos pediram que o apóstolo discorresse mais acerca daquela nova doutrina que ensinava, pois para eles era estranho alguém pregar sobre a ressurreição. Paulo, então, com sabedoria e discernimento, proferiu um dos discursos mais profundos sobre Deus. Ele começou destacando a religiosidade dos atenienses e dizendo que viu em um altar a seguinte inscrição: "Ao Deus Desconhecido".

As palavras seguintes foram uma bela apresentação de quem seria esse deus que, a partir daquele momento, passaria a ser conhecido por aquela audiência:

> Ele é o Deus que fez o mundo e tudo que nele há. Uma vez que é Senhor dos céus e da terra, não habita em templos feitos por homens e não é servido por mãos humanas, pois não necessita de coisa alguma. Ele mesmo dá vida e fôlego a tudo, e supre cada necessidade. De um só homem ele criou todas as nações da terra, tendo decidido de antemão onde se estabeleceriam e por quanto tempo.
>
> Seu propósito era que as nações buscassem a Deus e, tateando, talvez viessem a encontrá-lo, embora ele não esteja longe de nenhum de nós. Pois nele vivemos, nos movemos e existimos. Como disseram alguns de seus próprios poetas: "Somos descendência dele". E, por ser isso verdade, não devemos imaginar Deus como um ídolo de ouro, prata ou pedra, projetado por artesãos.
>
> No passado, Deus não levou em conta a ignorância das pessoas acerca dessas coisas, mas agora ele ordena que todos, em todo lugar, se arrependam. Pois ele estabeleceu um dia para julgar o mundo com justiça, por meio do homem que ele designou, e mostrou a todos quem é esse homem ao ressuscitá-lo dos mortos.
>
> Atos 17.24-31

Depois dessa exposição emocionante, a multidão se dividiu em três grupos. O primeiro grupo foi daqueles que zombaram das palavras de Paulo e o criticaram abertamente. O segundo ficou em cima do muro, pois, apesar de não zombar da mensagem, não creu, e decidiu que queria ouvir mais posteriormente. Já o terceiro grupo foi composto por aqueles poucos que creram e se juntaram a Paulo. De todos os recém-convertidos, apenas dois nomes foram citados: "Dionísio, membro do conselho", e "uma mulher chamada Dâmaris" (At 17.34).

Nada mais é dito sobre Dâmaris, a mulher que se converteu a Cristo após ouvir a pregação de Paulo; mas podemos fazer algumas suposições. Simplesmente pelo fato de ter seu nome citado, se comparada com tantas mulheres que não possuem seu nome registrado nas Escrituras, podemos supor que ela era uma pessoa conhecida na região. Além disso, por ter sido mencionada ao lado de um homem influente, é possível que ela tivesse status social ou que ocupasse algum cargo na sociedade. Diante da ausência de mais informações, apenas podemos especular sobre sua vida e sobre quem ela representava.

Apesar disso, uma coisa é certa: Dâmaris teve coragem ao demonstrar publicamente sua afeição por aquela nova religião que estava causando tanto rebuliço. Nesse ponto da história, os seguidores de Cristo já estavam sofrendo perseguição violenta por pregarem o evangelho. Os apóstolos já tinham sido presos; Estêvão já tinha sido levado perante o Sinédrio e morto por apedrejamento; Paulo e Silas já tinham sido açoitados, e os cristãos estavam enfrentando apenas o início das dores de toda perseguição que ainda viria. Portanto, converter-se ao cristianismo era sinônimo de colocar-se na posição de alguém perseguido, e Dâmaris fez isso diante das pessoas. Não se sabe o que aconteceu com ela após essa decisão, mas, sem dúvida, ela precisou enfrentar desafios pela sua fé e viu muitos irmãos e irmãs em Cristo sofrerem pelas boas-novas. Se ocupasse algum cargo importante, talvez tenha sido afastada; diante da família e dos amigos, talvez tenha sido ridicularizada e excluída; se fosse casada, talvez tenha sofrido repreensão na própria casa. Jamais saberemos ao certo, mas realmente acredito que, com base na ousadia que ela demonstrou no momento da conversão, Dâmaris não tenha negociado seus princípios nem desanimado, mas que tenha sido uma mulher bem-aventurada e resiliente na sua caminhada de fé.

Na história da igreja também encontramos diversas mártires que, simplesmente por não negarem a sua crença, tiveram sua vida brutalmente ceifada. No período da grande perseguição, nos primeiros anos do cristianismo, várias irmãs em Cristo foram presas, torturadas e mortas. No terceiro século, o imperador Sétimo Severo (193-211 d.C.) publicou um édito que proibia a conversão ao judaísmo e ao cristianismo, o que resultou em muita perseguição contra os recém-convertidos e seus mestres, com prisões e mortes constantes.[15] Entre o grupo de novos cristãos estavam duas mulheres que tiveram seus destinos entrelaçados pelo terror do sofrimento: Perpétua e Felicidade.

Perpétua tinha apenas 22 anos. Era uma nobre, vinha de uma família de prestígio e tinha uma vida boa e confortável antes de se tornar cristã. Após a conversão, a jovem foi levada para a prisão e, em seu relato pessoal, descreve o horror de chegar ao local. Para piorar a situação, ela tinha um filho ainda bebê, e sua maior preocupação era deixar de amamentá-lo, mas a presença da criança na prisão acabou sendo permitida. Veja um trecho de seu relato:

> Poucos dias depois, fomos levados às masmorras. Fiquei aterrorizada, porque nunca conhecera tais trevas. Oh, dia duro! O calor era sufocante devido à aglomeração; os soldados nos extorquiam. De resto, torturava-me a preocupação com meu bebê naquele lugar. [...] Suportei tais preocupações por muitos dias, conseguindo

[15] Almeida, *Mártires cristãs*, p. 37.

que meu bebê permanecesse comigo na prisão. Logo me restabeleci e, aliviada do sofrimento e da preocupação com meu filho, a prisão tornou-se de repente um palácio para mim, preferindo eu estar lá a permanecer em qualquer outro lugar![16]

Por ser uma mulher aristocrata e com boa educação, o seu diário foi muito estimado e até hoje é amplamente reproduzido, o que nos ajuda a compreender esse período de martírio. Nele, Perpétua conta que seu pai, sabendo o que a própria filha enfrentaria em razão de sua fé, a aconselhou a negar sua vinculação ao cristianismo, porém foi repreendido por ela. Um desses diálogos foi registrado em seu diário:

> Quando ainda estávamos sob vigilância e meu pai desejava com suas palavras que eu abandonasse minha fé, insistindo para que a renegasse em nome de sua afeição, eu lhe perguntei: "Pai, você está vendo, por exemplo, este vaso que está aqui, um pequeno jarro ou o que quer que seja?". E ele respondeu: "Vejo". Então eu lhe disse: "Pode ele ser chamado por um nome diverso do que é?". E ele falou: "Não". "Logo, também não posso afirmar ser senão aquilo que sou, uma cristã". Então meu pai, irritado com tais palavras, lançou-se contra mim, para me arrancar os olhos. No entanto, conseguiu apenas me afligir e acabou partindo, derrotado junto aos argumentos do Diabo![17]

Perpétua disse que o fato de ser cristã a definia por completo, portanto não poderia jamais negar a sua fé. Ao ouvir essa resposta, o homem se indignou e ficou decepcionado,

[16] Aline Montesine Fávaro, Tiago Augusto Nápoli e Ricardo da Cunha Lima, "A Paixão de Santa Perpétua e Santa Felicidade (Passio Sanctarum Perpetuae et Felicitatis): tradução anotada", *Rónai*, vol. 7 , nº 2, 2019, p. 49.
[17] Ibid., p. 48.

pois sabia que em breve perderia a filha amada para o martírio. Mas, apesar do sofrimento, ela era inspirada pelo Espírito Santo e dava suporte a seus companheiros de cela, sempre orando por paciência para suportar aquele processo difícil, mostrando a sua resiliência na prática.

Perpétua se mostrou digna de Cristo, pois mostrou que amava mais a Jesus do que a seu próprio filho (Mt 10.37). A angústia e a insistência de seu pai foram tamanhas e causaram tanto tumulto que ele foi submetido a espancamento,[18] mas, mesmo vendo o homem que a criou em sofrimento, ela manteve sua decisão de continuar escolhendo Jesus.

Junto com Perpétua, outra mulher também foi presa e sofreu o martírio: a escrava chamada Felicidade, que estava grávida de oito meses e foi presa por ter se tornado cristã. Se já era difícil por si só estar em condições subumanas na prisão, imagine passar por tudo isso durante a gestação. Todos os irmãos estavam preocupados e esperavam que o parto ocorresse antes da execução, para que o bebê pudesse sobreviver. Deus, em sua misericórdia, a fez entrar em trabalho de parto no dia anterior à sua morte. Em meio à dor das contrações, os carcereiros zombavam de Felicidade, dizendo que se ela estava agonizando naquele momento, ela não aguentaria a pressão diante das feras que atacariam sua carne sem piedade. Perpétua também relata o diálogo da escrava com os carrascos zombadores, registrando a resposta surpreendente e profunda dela:

> Um dos guardas, vendo seu sofrimento ao parir no oitavo mês, disse a ela: “Se você sofre tanto agora, o que fará quando lançada às bestas que você desdenhou, quando se recusou a oferecer o

[18] Almeida, *Mártires cristãs*, p. 42.

> sacrifício?". E ela respondeu: "Agora, sou eu que padeço minhas dores; mas lá outro estará dentro de mim, e Ele padecerá por mim, pois hei de padecer por Ele".[19]

Para Felicidade, o sofrimento das dores de parto era seu, como mulher, mas diante do martírio que enfrentaria, Cristo sofreria por ela e a ajudaria a suportar toda a dor. O seu bebê nasceu saudável, uma linda menina, que acabou sendo acolhida e adotada por uma irmã na fé.[20] Felicidade agora poderia completar sua missão livre de preocupações.

No dia do martírio, as duas mulheres, junto com os outros companheiros de sofrimento, se dirigiram ao anfiteatro para enfrentar seu destino. Eles foram açoitados, e as mulheres, jogadas para serem atacadas por uma vaca furiosa. O relato a seguir mostra a força de Perpétua diante daquele momento brutal:

> A vaca arremessou Perpétua primeiro, que caiu sobre o quadril. Sentando-se, ajeitou depressa a túnica no local onde se rasgara, ao lado do corpo, para cobrir as coxas — pois se preocupava mais com a decência do que com a dor. Em seguida procurou o seu grampo e ajeitou os cabelos despenteados. Acreditava que não era adequado morrer com os cabelos soltos, pois em seu momento de triunfo isso lhe daria o aspecto de uma mulher de luto.[21]

Mesmo estando face a face com a morte, Perpétua considerava aquele momento como um triunfo, pois era o caminho para encontrar Jesus. Depois de feridos, ela, Felicidade e os demais foram levados até a praça para serem degolados

[19] Fávaro et al., "A Paixão de Santa Perpétua e Santa Felicidade", p. 59.
[20] Almeida, *Mártires cristãs*, p. 43.
[21] Bryan M. Litfin, *Conhecendo os mártires da Igreja Primitiva: Uma introdução evangélica* (São Paulo: Vida Nova, 2019), p. 126.

publicamente.[22] Como um ato final de força, Perpétua, diante de um gladiador de mãos trêmulas, segurou a espada e a colocou em seu pescoço, indicando o local onde deveria ser cortada. Suas palavras finais foram um encorajamento para os irmãos que estavam presenciando a sua morte: "Fiquem firmes na fé, amem-se uns aos outros e não deixem que nosso martírio seja uma pedra de tropeço para vocês".[23]

Duas mães de origens diferentes, uma nobre e uma escrava, tiveram o mesmo destino por compartilharem a mesma crença e, no mesmo dia, encontraram pessoalmente o seu Deus. Isso nos mostra que no reino dos céus, o reino que é prometido aos perseguidos, não há acepção de pessoas com base em classe, raça, gênero ou qualquer outra fonte de discriminação terrena. O nome Perpétua significa "constância e persistência" e, sem dúvida, essas características a seguiram em sua vida e até mesmo no momento de sua execução. Já o nome da escrava que se tornou mártir representa aquilo que todos almejamos nesta vida: a felicidade. A vida e a morte dessa escrava nos mostram que a felicidade pode ser alcançada até mesmo nos momentos mais sombrios, desde que o alvo esteja no alto. Jesus nos ensina que felizes são os perseguidos por causa da justiça e, nesse sentido, Felicidade foi bem-aventurada em sua decisão de não negar sua fé.

Os expectadores relatam que, no momento da execução, Perpétua e Felicidade estavam serenas e não demonstraram reação alguma. Outros documentos dessa época contam que muitos cristãos, diante da tortura, esboçavam um sorriso nos

[22] Almeida, *Mártires cristãs*, p. 44.

[23] Thierry Ruinart, "Las verdaderas actas de los mártires — 1776", <https://bibliotecadigital.jcyl.es/es/consulta/registro.do?id=12816>.

lábios e entoavam louvores. Para o mundo, perseguição e felicidade são coisas incompatíveis; para o cristão, porém, ser perseguido por causa da justiça é um privilégio sem tamanho e fonte de bem-aventurança. Que o Senhor nos ajude a resistir diante de qualquer circunstância, em prol da defesa do evangelho.

CONCLUSÃO

A felicidade é um dos temas mais debatidos em livros, textos diversos, filmes, séries, músicas e em várias manifestações da cultura popular. Filósofos pensam sobre seu significado, sociólogos investigam os fatores sociais que a estimulam, antropólogos pesquisam sua causa em várias culturas, cientistas estudam seus desdobramentos no corpo humano, psicólogos trabalham para alcançá-la, poetas tentam descrevê-la em belas palavras, e palestrantes de autoajuda buscam motivar seus ouvintes para conseguir encontrá-la. A felicidade também foi o tema da canção homônima composta por Vinícius de Moraes e Tom Jobim:

> A felicidade é como a pluma
> Que o vento vai levando pelo ar
> Voa tão leve
> Mas tem a vida breve
> Precisa que haja vento sem parar
>
> A felicidade do pobre parece
> A grande ilusão do carnaval
> A gente trabalha o ano inteiro
> Por um momento de sonho
> Pra fazer a fantasia
> De rei ou de pirata ou jardineira
> Pra tudo se acabar na quarta-feira
>
> Tristeza não tem fim

Felicidade sim

A felicidade é como a gota
De orvalho numa pétala de flor
Brilha tranquila
Depois de leve oscila
E cai como uma lágrima de amor

A felicidade é uma coisa boa
E tão delicada também
Tem flores e amores
De todas as cores
Tem ninhos de passarinhos
Tudo de bom ela tem
E é por ela ser assim tão delicada
Que eu trato dela sempre muito bem

Tristeza não tem fim
Felicidade sim

A minha felicidade está sonhando
Nos olhos da minha namorada
É como esta noite, passando, passando
Em busca da madrugada
Falem baixo, por favor
Pra que ela acorde alegre com o dia
Oferecendo beijos de amor

A letra reconhece a beleza que há na felicidade, ligando-a à delicadeza de flores e amores, à proteção encontrada por passarinhos no ninho e ao prazer de viver o amor romântico. Cada ser humano no mundo anseia por encontrar a felicidade e, para transmitir esse sentimento comum a todos, a canção trouxe elementos que são belos e normalmente admirados por todos. Esse é um anseio natural, pois fomos criados por Deus para viver na plenitude. Esse é um anseio legítimo, e nada tem de pecaminoso ou destrutivo. Também é universal, uma vez que está presente em cada ser humano, e é permanente, pois a vida é diariamente uma busca constante pela satisfação. O próprio rei Salomão, um homem sábio aos olhos de Deus, disse que não há nada melhor para o homem do que ser feliz (Ec 3.12). Até esse ponto, o conteúdo da canção se alinha com a Palavra, uma vez que foi o Senhor quem colocou esse desejo em nosso coração.

O problema começa a aparecer quando as pessoas tentam saciar esse anseio com as fontes erradas. A tentativa de obter a felicidade através de pequenas doses de euforia, provocada muitas vezes por conquistas pessoais, momentos prazerosos e relacionamentos amorosos, será sempre uma busca frustrada, uma vez que nada neste mundo pode ser pleno. Uma conquista vem acompanhada de desafios; prazeres são momentâneos; relacionamentos são permeados por desentendimentos, como discussões, rompimento e até mesmo por um término decorrente da morte. Na música "A felicidade", os próprios compositores reconhecem que é ilusão esperar tanto por algo assim ou trabalhar incansavelmente apenas para vivenciar um breve momento de deleite, como o carnaval ou uma noite de amor.

A música também trata da transitoriedade da felicidade, representando-a como algo passageiro, como uma pluma levada pelo vento, uma data comemorativa que demora um ano inteiro para chegar e rapidamente passa ou uma gota de orvalho que escorre rapidamente por uma pétala. Essa é uma visão melancólica, mas real para boa parte das pessoas. Uma vez que a busca pela felicidade esteja direcionada para coisas terrenas, ela realmente é breve. Na mesma velocidade que surge, subitamente também vai embora, deixando um vazio esmagador. Ela depende de circunstâncias favoráveis e, desse modo, nem sempre se faz presente. Também pode acabar a qualquer instante, a cada vez que uma notícia ruim nos surpreender ou um incômodo surgir.

Essa fluidez da felicidade, descrita com tanta beleza e precisão pelos compositores, foi sentida com grande impacto pela primeira mulher. Mesmo diante da plenitude absoluta vivida no Éden, Eva cedeu ao descontentamento e desejou a única coisa que não podia ter. Por causa disso, perdeu o acesso ao paraíso. Ela, que era plenamente feliz e livre de preocupações, passou a buscar, em uma vida dura e cansativa, aquilo que um dia viveu em abundância. Esse desejo por algo mais, quando comeu do fruto da árvore proibida, causou um estado de descontentamento crônico na humanidade.

> Aquela centelha de descontentamento que Eva acendeu no jardim deve ter-se tornado um fogo devastador depois que ela e Adão foram exilados no insubmisso deserto que circundava. Porém, o descontentamento crônico que agora a perseguia revelou-se também como uma graça. Revelou-se como um constante lembrete de que o contentamento pleno e duradouro existe apenas na vida que lhes fora prometida se eles houvessem obedecido, se houvessem sido capazes de se banquetear eternamente do fruto da árvore da vida. Mas como eles o obteriam agora? Os anjos estavam em guarda protegendo o caminho de volta ao jardim.[1]

[1] Nancy Guthrie, *Ainda melhor que o Éden: Nove maneiras através das quais a história da Bíblia muda tudo sobre a nossa história* (São José dos Campos: Fiel, 2020), p. 26.

A transitoriedade da felicidade que o mundo oferece, apesar de trazer angústia para quem vive em constante busca, na verdade é uma bênção! Deus deixou em nós o desejo de voltar ao Éden, para que pudéssemos perceber que nada aqui na terra pode nos dar o que apenas Deus pode. Essa fascinação humana pelo prazer, na verdade, é o desejo inerente a todo ser humano de voltar a viver de acordo com os planos de Deus.

Porém, o Criador, em sua perfeita bondade, não nos deixaria mergulhadas em uma agonia eterna. Jesus, o Filho do Deus vivo, veio ao mundo para ser o caminho de volta à plenitude. Ele fala dessa felicidade no Sermão do Monte. Aos olhos de uma sociedade secular, a sua descrição parece ser mais do que melancólica: é completamente sem sentido, e beira até mesmo a insanidade.

De acordo com o Messias, é feliz ou bem-aventurada a pessoa que: pratica a humildade, ou seja, que não se coloca em primeiro lugar de importância; reconhece que é falha e chora de arrependimento, sentindo a angústia de lutar contra o pecado; é mansa, e não segue seus instintos de explodir ou de responder o mal com o mal; sente um incômodo constante diante da injustiça do mundo, e assim sente fome e sede de justiça; tem misericórdia das pessoas, em vez de pensar apenas em si mesma; não se entrega aos próprios prazeres e impulsos, mas cultiva a pureza; tem a árdua missão de promover a paz em um mundo caótico; e sofre perseguições de todos os tipos pela causa de Cristo.

Mas como a felicidade pode estar associada a lágrimas e perseguição? Aos olhos do mundo, sinônimo de bem-estar é se colocar como prioridade, seguir o que o coração mandar, realizar todas as vontades que surgirem e permanecer na zona de conforto, pensando apenas em si mesmo, sem se preocupar com os outros, e fugindo de qualquer coisa que possa gerar enfado ou preocupação. Em síntese, as bem-aventuranças não fazem o menor sentido para quem não conhece o autor dessa mensagem!

A frase que mais se repete ao longo da canção de Vinícius de Moraes e Tom Jobim é "Tristeza não tem fim, felicidade sim", traduzindo a percepção humana de fragilidade e finitude da felicidade, diante de um mundo tão caótico. Se Jesus fosse o compositor, estaria escrito exatamente o oposto: a tristeza tem fim, enquanto a felicidade é eterna!

O conceito de felicidade do reino de Deus é radicalmente diferente da felicidade aos olhos do mundo. A felicidade segundo Jesus é permanente, pois se configura como um estado de espírito de contentamento que transcende as circunstâncias (Fp 4.11). Ela é real, pois é uma garantia para todo aquele que teme o Senhor, que anda em seus caminhos (Sl 128.1-2). E é eterna, uma vez que começa a ser vivida hoje, mas um dia será desfrutada plenamente na eternidade, onde não haverá choro, dores nem mágoas, mas apenas a doce e incomparável presença de Deus (Ap 21.4).

Assim, nenhuma mulher, jamais, será verdadeiramente feliz se buscar satisfação em casamento e filhos, em amizades, em manter uma casa arrumada, em realizações pessoais ou profissionais, em momentos de lazer ou em qualquer outra coisa. Só viverá feliz, com bom ânimo, a mulher que se entregar àquele que já venceu o mundo (Jo 16.33) e praticar aquilo que Jesus ensina (Jo 13.17). O caminho para solucionar os dilemas que envolvem a feminilidade e ser verdadeiramente bem-aventurada começa com um "sim, eis-me aqui, meu Senhor Jesus".

E as promessas do Senhor para essa mulher bem-aventurada são maravilhosas! Às humildes, Jesus prometeu o reino dos céus; às que choram, consolo; às mansas, uma herança, uma terra; às famintas e sedentas por justiça, a satisfação; às misericordiosas, misericórdia; às puras de coração, a chance de encontrar a Deus face a face; às pacificadoras, o direito de serem chamadas filhas de Deus; e às perseguidas, o reino dos céus. Os frutos de uma vida bem-aventurada serão usufruídos plenamente um dia, no novo céu e na nova terra, mas já são realidade hoje, pois já são usufruídos em parte.

Meu desejo e minha oração é que, após a leitura deste livro, você saia determinada a ser uma mulher feliz segundo os padrões do reino de Deus. Espero que você olhe para cada exemplo citado, tanto da Bíblia quanto da história, e se sinta inspirada a fazer de sua vida um instrumento nas mãos do Senhor. Anseio ver uma geração de filhas de Deus que saibam se posicionar como tal, que sejam praticantes, ainda que imperfeitas, da Palavra e de todas as bem-aventuranças e, assim, encontrem a plena realização. A felicidade está ao alcance das seguidoras de Cristo que levam uma vida terrena que aponta para a glória da eternidade.

AGRADECIMENTOS

Desde muito cedo sou apaixonada por livros e, como consequência disso, sempre sonhei em ser escritora. Ao longo de minha juventude costumava escrever textos, pensamentos e reflexões. Logo depois, passei a ousar mais e escrevi meus primeiros e-books, editados por mim e por alguns membros da família, e lançados em plataformas digitais. A escrita me apaixonava cada vez mais, e o sonho de publicar um livro com meu nome na capa pulsava fortemente no meu coração.

No início de 2024, meu marido e eu fizemos uma lista dos sonhos e metas que desejávamos para aquele ano. Entre tantos projetos, audaciosamente escrevemos: "Publicação do primeiro livro de Laninha". Apresentamos esse desejo ao Senhor em oração e descansamos. Poucos meses depois, recebi a proposta para publicar um livro pela Mundo Cristão e, confesso, foi difícil conter a emoção ao ver o início da concretização desse sonho que me acompanhava desde a juventude.

Hoje, ao olhar para trás, posso contemplar a fidelidade de Deus, que, como o Grande Autor da Vida, já tinha escrito minha história e marcado esse momento em seu calendário. Só consigo expressar gratidão ao meu Senhor, que ouviu cada oração, colheu cada lágrima e reservou um tempo certo para que meus olhos pudessem contemplar seu agir. Sou grata ao Autor da Vida por me permitir ser uma autora.

Nesse processo, foram meses de dedicação a pesquisa, escrita e edição. Tive o apoio crucial do meu marido, Sterfesson, que sempre acreditou no meu potencial e me impulsionou a prosseguir, mesmo diante do cansaço e dos ocasionais bloqueios criativos que surgiram ao longo do caminho. Foi ele quem primeiro me incentivou e me mostrou que eu poderia, a partir de meus estudos, produzir conteúdos de qualidade para falar de Jesus para mulheres. Não existem palavras para descrever o quanto sou grata ao meu grande companheiro de vida, melhor amigo e amor.

Porém, para que hoje este exemplar estivesse em suas mãos, cara leitora, precisamos voltar no tempo. Desde a infância fui incentivada a estudar, a ler e a me esforçar para conquistar meus objetivos. Os responsáveis por isso? Meu pai, Alexandre, e minha mãe, Ana Cláudia, que se esforçaram a vida inteira para me colocar nos melhores colégios e me proporcionar uma educação de qualidade. Eles sempre estiveram lá orando e torcendo por mim e, desde a assinatura do contrato com a Mundo Cristão, sonharam esse sonho junto comigo. Gratidão eterna aos melhores pais que eu poderia ter. E o que seria da minha família sem meus dois irmãos? Xandinho, que na infância inspirou minha imaginação através de brincadeiras que duravam horas, foi o responsável pela capa dos meus e-books. Andrézinho, o caçula da família e nosso pequeno grande homem, com sua doçura sempre esteve ao meu lado em todas as situações.

Não posso deixar de fora meus amigos. Eles fazem parte de cada etapa importante da minha vida e estão sempre lá, brindando minhas conquistas e celebrando minhas alegrias. Concordo com a frase citada no filme *Na natureza selvagem*: “A felicidade só é real quando compartilhada”. Hoje estou plenamente feliz com este livro, pois posso compartilhá-lo com aqueles que são parte de mim.

Gostaria de agradecer especialmente ao meu filho, que, no momento em que o livro está sendo lançado, ainda nem nasceu, mas que já me fez florescer de formas antes impensadas. Meu Tefinho, hoje estou com o livro em mãos e com você no meu ventre, dois grandes sonhos juntos e coexistindo para a glória do nosso Deus. Espero que você um dia possa se orgulhar de sua mãe, pois hoje todo meu esforço também é para você e por você. Eu te amo profundamente.

Por fim, minha eterna gratidão a toda a equipe da Mundo Cristão, que acreditou no meu potencial, me acolheu e me deu este espaço tão precioso. Meu desejo é que este livro alcance muitas mulheres, para que elas vivam uma vida plena e sejam bem-aventuradas aos olhos do nosso Salvador Jesus Cristo.

SOBRE A AUTORA

Alana Carla de Lima Lucena Farias é bacharel em direito pela UFPB, bacharel em Teologia pela Faculdade Teológica Sul Americana, e mestra e doutoranda em Ciências das Religiões pela UFPB. Atua nas redes sociais como criadora de conteúdo digital e mentora do Clube de Leitura Fora da Caixinha.

Compartilhe suas impressões de leitura,
mencionando o título da obra, pelo e-mail
opiniao-do-leitor@mundocristao.com.br
ou por nossas redes sociais

Esta obra foi composta com tipografia Adobe Caslon Pro
e impresso em papel Pólen Natural 70 g/m² na gráfica Imprensa da Fé